# LEVANTA TUS VENTAS EN GRANDE

¿CÓMO SUPERAR LA CRISIS COMERCIAL?

MIGUEL URIBE ARANGO

***Prepárate**...*

*Pronto empezarás a subir y habrás superado esta crisis comercial*

*Vas a Levantar tus Ventas en Grande*

*Levanta tus Ventas en Grande.* 1ª edición: Octubre de 2020

© 2020, Miguel Uribe Arango. Reservados todos los derechos para la edición en audiolibro, e-book y papel.

Ningún fragmento de este texto puede ser reproducido, transmitido ni digitalizado sin la autorización expresa del autor. La distribución de este libro a través de Internet o de cualquier otra vía sin el permiso del autor es ilegal y perseguible por la ley.

Corrección: María García-Revillo

Diseño de cubierta: Arthur Angelo

Diseño del logo: Santiago Giraldo

Impreso por Amazon.

*Todos tenemos algo garantizado: enfrentaremos una Crisis*

*¿Cómo me levanto? Eso determinará quién soy.*

*Levantarse es de Valientes,*

*Levantarse te hace más Grande,*

*Levantarse siempre es Posible,*

*Levantarse es cuestión de Actitud,*

*Levantarse es cuestión de Disciplina.*

# ÍNDICE

| | |
|---|---|
| *¿Cómo salir de la Crisis?* | xi |
| 1. Tu Propósito | 1 |
| 2. Las Señales de Alerta y la Enfermedad | 6 |
| 3. Admitir y Reconocer la situación | 16 |
| 4. La Radiografía y el Diagnóstico | 22 |
| 5. Trabaja Primero en Ti: necesitarás mucha Fuerza y Energía para Subir | 32 |
| 6. El Secreto para descubrir las Oportunidades: El "Dolor" del Cliente | 41 |
| 7. El Mapa de Oportunidades para Levantar tus Ventas en Grande | 45 |
| 8. El Plan de Acción para cada Oportunidad | 55 |
| 9. Priorización: ¿Cómo defino en qué debo enfocarme? | 71 |
| 10. Tu arma infalible: actuar con Disciplina | 78 |
| 11. Ten Paciencia… No Desesperes | 88 |
| 12. ¿Cómo Mantener el Impulso para Seguir Subiendo? | 94 |
| 13. El Poder de la Disciplina | 102 |
| 14. Últimas Reflexiones | 107 |

# ¿CÓMO SALIR DE LA CRISIS?

¿Tus resultados en ventas han estado cayendo? ¿Te sientes abrumado y nos sabes por dónde empezar? ¿Incluso te has enfermado debido al estrés que te causa esta situación? Tus jefes te presionan, piden las ventas y las quieren ya... Pero las ventas no llegan. Sientes que estás en un lugar oscuro, sin salida aparente. Ese lugar se llama "el Hueco".

Yo he estado ahí... varias veces. Porque en nuestra carrera como vendedores tenemos algo garantizado: siempre encontraremos alguna crisis. Puede ser una crisis externa, el mercado tiene caídas, o han llegado competidores agresivos y pierdes tus clientes. Y, cuando menos lo esperas, estás en ese lugar oscuro... Has caído en "el Hueco".

Por un momento detente y observa a un bebé que está aprendiendo a caminar... Cuando se cae, puede llorar y frustrarse, pero su impulso natural es Levantarse. Se levanta y continúa tropezando... Y después estará caminando por toda su casa, lleno de emoción.

Cuando estás en "el Hueco", tienes dos opciones:

**Opción 1:** Lamentarte, buscar todas las excusas posibles y conformarte con el fracaso. Decides ser una víctima del mercado.

**Opción 2:** Sacudirte y Levantarte. ¡Levantar tus Ventas en Grande!

Si escoges la opción 1, por favor, detente en tu lectura y tira este libro inmediatamente a la basura… Fue un placer conocerte.

---

**¡Escogiste la Opción 2!**

¡Felicitaciones! Si estás en esta página es porque decidiste empoderarte de tu destino Decidiste levantarte… Levantar tus ventas y hacerlo en grande.

Antes de empezar debes saber algo: no va a ser fácil… pero sí es posible. Te garantizo que es posible porque yo lo sé. Yo he estado en "el Hueco" y me he levantado. En este libro te compartiré los secretos y todos los consejos que me han ayudado a mí y a cientos de vendedores a levantarse, a salir "del Hueco".

**¿Cómo es el camino para Levantar tus Ventas?**

Piensa en lo siguiente: una caída en ventas es muy similar a una enfermedad de tu cuerpo. Empiezas con algunos síntomas y te duele la cabeza o alguna parte de tu cuerpo. Estos síntomas serán tus señales de alerta. Debes estar siempre muy atento a todas las señales de alerta, por ejemplo cuando notas que un cliente deja de comprar un producto.

Después de sentir un dolor y visitar a tu médico, ¿cuál es el siguiente paso? Te envían exámenes, todos los test que te puedas realizar para detectar las causas y las fuentes de dolor. En nuestro caso, haremos un diagnóstico, una radiografía completa de la situación comercial.

¿Ahora qué sigue? Un ingrediente secreto: calmarte y trabajar en ti. Cuando tienes una enfermedad, el estrés y la preocupación la van a empeorar, puede subir tu presión arterial, te duele la cabeza y la situación empeora. Tu médico te recomienda buscar la paz y la tranquilidad. En nuestro caso, cuando estás en "el Hueco" te estresas, sientes ira e impotencia, y empiezas a tomar decisiones equivocadas. Hasta puedes enfermarte. Debes calmarte, pensar con serenidad y proyectar energía positiva.

Ya estás calmado y tranquilo. Llegó el momento de levantar tu espíritu, levantar tu ánimo, inyectarte energía positiva y encender en ti la llama, es decir, llenarte de los tres elementos fundamentales del éxito: Entusiasmo, Optimismo y Fe. El entusiasmo te dará la energía para actuar. El optimismo te permitirá levantarte de las caídas que tendrás y los rechazos que recibirás. La fe te ayudará a creer en lo imposible y obtener los resultados que has soñado.

Ahora debes transmitir esa tranquilidad a tu familia. Debes confiar en que el tratamiento funciona y transmitir esa confianza a tus seres queridos. Ellos serán tu apoyo, pero también deben estar tranquilos. En nuestro caso, debes transmitirle tu tranquilidad a tu equipo comercial. Deben saber que su líder está construyendo un plan con ellos y que ese plan tiene todas las posibilidades de triunfar.

Ya tienes todos tus exámenes médicos y se los llevas a tu doctor. Tu doctor te receta un tratamiento, debes tomar medicinas y hacer ejercicio físico. Nuestro tratamiento es el mapa de oportunidades y los planes de acción para cada oportunidad. El mapa de oportunidades será nuestra guía.

Ya detectaste las señales de alerta y tus síntomas, tienes todos tus exámenes, tu médico te entregó el tratamiento, tienes paz y tranquilidad, estás lleno de energía positiva y se la has transmitido a tu equipo... Y ahora, ¿qué **hago**?

Observa la clave: "**hago**". Es hora de actuar. Debes seguir tu tratamiento, tomar tus medicinas con disciplina en las horas que te ha indicado tu médico, hacer ejercicio y no desfallecer. En nuestro caso, llegó la hora de actuar, definir un plan de acción concreto por cada oportunidad, definir responsables y métricas, hacer seguimiento comercial y actuar. Actuar, Actuar y Actuar.

Has notado que algunas acciones de tu tratamiento te ayudan

más… Entonces priorizas las acciones de tu tratamiento que sabes que más te ayudarán, de la misma forma que hacer más ejercicio físico te ayuda a reducir tus dolores. En nuestro caso, vamos a priorizar las oportunidades que tienes más cercanas y enfocarnos con obsesión en convertirlas en realidad.

Ahora vamos a sacar nuestro "As bajo la manga": ¡la disciplina! Vas a definir las rutinas de tu tratamiento para asegurarte de tomar tus medicinas en la dosis correcta y la hora adecuada. Para levantar tus ventas, vas a definir rutinas comerciales. Por ejemplo, todos los lunes vas a destinar dos horas en la tarde a revisar cada una de tus oportunidades, y los viernes a las dos de la tarde te sentarás en tu oficina a definir tus citas de la próxima semana.

¡Ya estás empezando a sentir mejoría de tu enfermedad, "estás viendo la luz"! Felicitaciones esto ha sido el fruto de tus acciones, tu disciplina tu actitud y tu fe… Ahora vamos a sembrar estas costumbres en ti. Vas a cultivar en ti y en tu equipo esta nueva cultura… Esto te ayudará a evitar futuras enfermedades. Te ayudará a evitar y reaccionar antes de caer en "el Hueco". Serás una nueva persona. ¡Un Magnate de las Ventas!

Y el toque final: Mantener el Espíritu en Alto. Mantener la energía positiva, el entusiasmo, el optimismo y la fe. En ti mismo y en tu equipo.

¿Estás listo? ¿Estás lista? ¡Vamos a levantar juntos tus ventas!

**Tus Regalos**

Escribí este libro para acompañarte y ayudarte a salir "del Hueco". Yo mismo he estado en "el Hueco" y diseñé las siguientes herramientas que te ayudarán a salir de él.

Por lo tanto, he preparado varios regalos para ti:

- Los 10 mejores libros y gurús para ayudarte a encontrar la paz y renovarte.
- Blog semanal con consejos y reflexiones para crecer, crecer y crecer siempre.

Ingresa ya a www.venderengrande.com y obtén gratis tus regalos. También puedes contactarme directamente en el correo electrónico: miguel@venderengrande.com

**Magnates de las Ventas**

Los Magnates de las Ventas son un grupo de vendedores comprometidos con la Excelencia y la Disciplina. Estas dos características les permiten obtener resultados extraordinarios constantemente.

Los Magnates de las ventas poseen 10 cualidades que te compartí en mi libro anterior: "Vender en Grande, Dinero en Grande", donde podrás conocer cómo desarrollar estas cualidades.

1. Disciplinado
2. Servidor
3. Consultor
4. Curioso
5. Planificador
6. Estratega
7. Asertivo en los cierres
8. Orientado a la acción y la ejecución
9. Perseverante
10. Positivo

Sin embargo, los Magnates de las Ventas no son inmunes a una caída en sus ventas o su mercado. Lo que diferencia a los Magnates de las Ventas es su capacidad de levantar sus ventas cuando han caído, utilizando la Disciplina Comercial como su más preciada herramienta.

A partir de este momento eres un nuevo Magnate de las Ventas. Felicitaciones.

**Pedro y María**

Vas a conocer a dos vendedores. Son mis personajes favoritos. Se llaman Pedro y María. Son nombres ficticios, pero son personajes que representan los comportamientos más comunes de los vendedores.

Tanto Pedro como María están en "el Hueco". Sin embargo, cada uno de ellos toma una actitud y acciones diferentes. Pedro está inclinado por escoger la opción 1: lamentarse y buscar excusas. Por otro lado, María ha descubierto los secretos de los Magnates de las Ventas y decidió tomar la opción 2. Está totalmente decidida a Levantar sus Ventas y sabe que el camino no será fácil, pero está dispuesta a recorrerlo... ¿A quién vas a seguir, a Pedro o a María?

## CAPÍTULO 1
## TU PROPÓSITO

*"Una actividad sin propósito es el desagüe que seca tu vida".*

*Tony Robbins – Autor y conferencista estadounidense*

*"No es suficiente haber vivido. Debemos estar determinados a vivir por algo".*

*Winston Churchill – Ex primer ministro del Reino Unido*

*"La pregunta más persistente e importante en la vida es: ¿Qué estás haciendo por otros?"*

*Martin Luther King Jr. – Líder y activista estadounidense*

Cuando tenía 15 años de edad empecé mi carrera como vendedor. Trabajé con mi padre en su empresa: una empresa de venta de autos usados. Me emocionaba ver la alegría de los clientes al comprar su auto. Los acompañaban sus familiares para recibirlo el día que les entregábamos su auto. Para muchos era su primer auto. Desde ese momento en mi vida entendí la importancia del propósito en mi profesión en ventas. *Yo no vendía autos... Yo cumplía sueños, yo ayudaba a las personas a encontrar un medio de transporte a su medida, yo era un instrumento para que las familias tuvieran un vehículo seguro y confiable para desplazarse y pasear.* Ese era mi propósito.

Mi siguiente trabajo fue vender desinfectantes hospitalarios especializados. Mi propósito era garantizar que los pacientes de ese hospital tuvieran seguridad y ayudar a los profesionales de salud a prevenir las infecciones. No vendía desinfectantes, ayudaba a contribuir para construir hospitales libres de infecciones.

Toda mi vida encuentro mi propósito antes de vender. Hoy en día, mi propósito y mi misión es ayudarte a Vender en Grande y convertirte en un Magnate de las Ventas.

### ¿Por qué te levantas cada mañana?

Piensa por un momento: si vivieras 80 años, tendrías 29.200 días. ¿Cómo te gustaría invertir cada uno de esos días? Todos los seres humanos tenemos varias misiones en la vida. Quiero preguntarte: en tu trabajo como Vendedor Profesional, ¿cuál es tu misión?

Los Magnates de las Ventas como tú y como yo reconocemos que detrás de nuestro trabajo como vendedores hay una gran misión, que es ayudar a otros seres humanos.

Antes de empezar a Levantar tus Ventas en Grande, debes preguntarte: ¿Para qué me levanto cada mañana? ¿Para intentar que otras personas compren mis productos? ¿Para convencer a personas y venderles mis productos?

### Mira con otros ojos tu Producto o Servicio

En este punto, voy a mostrarte con Pedro y María cómo puedes cambiar la forma como ves tu producto o servicio. Recuerda que

Pedro es un vendedor promedio y María es una Magnate de las Ventas.

- **Pedro:** *Yo vendo servicios de Internet para empresas.*
- **María:** *Yo me encargo de que las empresas puedan conectar con el mundo para atraer nuevos clientes y crecer todos los días.*
- **Pedro:** *Yo vendo servicios de Internet para hogares.*
- **María:** *Yo me encargo de que las madres y los padres puedan acceder a un mundo de posibilidades en aprendizaje y entretenimiento para ellos y para sus hijos, para que puedan conocer el mundo a través de sus computadores y sus pantallas.*
- **Pedro:** *Yo vendo carros en un concesionario.*
- **María:** *Yo me encargo de que las personas puedan adquirir un medio de transporte de acuerdo a sus necesidades, para que puedan trabajar o movilizarse con seguridad. Con mi trabajo, las familias pueden comprar su primer carro, abrir sus posibilidades para pasear y disfrutar. Me encargo de que las personas cumplan el sueño de comprar su carro.*
- **Pedro:** *Yo vendo seguros.*
- **María:** *Yo me encargo asesorar a las personas para que puedan dormir tranquilas sabiendo que sus bienes más preciados están protegidos con un seguro adecuado.*
- **Pedro:** *Yo soy agente inmobiliario.*
- **María:** *Yo me encargo de encontrar el mejor hogar para las personas y las familias, donde puedan tener bienestar, tranquilidad y puedan hacer sus sueños realidad.*
- **Pedro:** *Yo soy vendedor en una farmacia.*
- **María:** *Yo me encargo de servir a los pacientes para que puedan encontrar la solución a sus problemas y a sus dolores, asesorándolos y "poniéndome en sus zapatos", reconociendo que son seres humanos como yo y que*

buscan alguien que los escuche y los ayude a resolver sus dolencias.
- **Pedro:** Yo soy entrenador de vendedores.
- **María:** Yo me encargo de transformar a profesionales de las ventas en Magnates de las Ventas, en personas con Propósito y Disciplina para que puedan obtener los mejores resultados, sirviendo y aportando al mundo lo mejor de sí mismos.

Ahora te voy a desafiar: encuéntralo en tu producto o servicio. ¿Cuál es tu propósito superior de servicio? Si no lo encuentras, por favor escríbeme al correo electrónico miguel@venderengrande.com y juntos lo encontraremos.

**Las Ventas serán la consecuencia de Servir**

Imagina un hombre que se para frente a su estufa y le dice: *"Dame calor y yo te traeré leña"*. Suena absurdo, ¿verdad? Así piensan muchos vendedores. Pretenden vender antes que servir.

Los Magnates de las Ventas reconocemos que para Vender en Grande es necesario Servir en Grande. Nos enfocamos en servir y ayudar a nuestro cliente. Nos enfocamos en el dolor del cliente. Nos enfocamos en que nuestro cliente tenga la mejor experiencia. Reconocemos que las ventas serán una consecuencia de servir. Además, reconocemos que, cuanto mejor sirvo, mejores son mis resultados.

Debes entregar valor. Debes entregar muchísimo valor y te garantizo que la consecuencia será el éxito. Pero nunca entregues esperando recibir algo a cambio.

**Las preguntas para hacerte antes de ir a dormir**

Todas las noches, antes de dormir, te pido que te hagas las siguientes preguntas:

- ¿A cuáles clientes visité el día de hoy?
- ¿Cómo mejoré sus vidas hoy?
- ¿Cómo podría servir mejor mañana?

**Antes de Levantar tus Ventas en Grande**

En este momento, ya puedes ver mucho más allá de tu producto y tu servicio. Puedes ver el impacto real que estás causando en las personas. Cómo estás transformando vidas. Si todavía no lo encuentras, por favor detente y no continúes tu lectura. Para Levantar tus Ventas en Grande, debes reconocer tu propósito, debes reconocer y vivir de corazón la verdadera razón para levantarte cada mañana.

¿Estás listo? ¿Estás lista?

Vamos adelante, a Levantar tus Ventas en Grande.

## CAPÍTULO 2
## LAS SEÑALES DE ALERTA Y LA ENFERMEDAD

*"No hay peor ciego que aquel que no quiere ver".*

*Antiguo proverbio*

*"Lo que niegas te somete, lo que aceptas te transforma".*

*Carl G. Jung*

*"Cerrar los ojos no va a cambiar nada. Nada va a desaparecer simplemente por no ver lo que está pasando. De hecho, las cosas serán aún peores cuando los abras. Solo un cobarde cierra los ojos. Cerrar los ojos y taparse los oídos no va a hacer que el tiempo se detenga".*

*Haruki Murakami*

Una mañana de octubre del año 2017 desperté con un fuerte dolor de cabeza. Ese día tenía una importante reunión con unos clientes. Tomé varias pastillas para el dolor, pues no podía faltar a esa reunión. Tenía la energía baja, pero era mejor no pensar en el dolor de cabeza.

Asistí a la reunión. Definitivamente no fue la mejor reunión. No estaba dando lo mejor de mí. Ese día continué trabajando como si nada, tomando más pastillas para el dolor de cabeza. Al llegar la noche me fui a la cama, pero no lograba dormir.

A la mañana siguiente el dolor continuaba. Pero tenía más reuniones a las cuales no podía faltar. Decidí tomar pastillas para el resfriado, pues mi nariz estaba llena de líquido. Asistí a todas las reuniones con la energía cada vez más baja. Pero continuaba tomando pastillas e ignorando el dolor y el líquido en mi nariz.

El tercer día el dolor era insoportable. Busqué a un médico. El médico se preocupó, pues tenía una sinusitis avanzada por mi descuido y por ignorar las señales de alerta. Me tomaron varias radiografías y me enviaron a descansar con un tratamiento de antibióticos. El doctor me dijo: "Miguel, si hubieras venido hace dos días, el tratamiento habría sido más sencillo". Pero yo había ignorado las señales de alerta.

## Mi aprendizaje: ¡SIEMPRE ESTAR ATENTO A LAS SEÑALES DE ALERTA!

Los seres humanos tenemos dos tendencias opuestas: Negación o Exageración.

Imagina que, al despertar, observas que la piel de tu brazo está rojiza, pero ese día tienes un paseo con tus amigos. Puedes ignorar esa señal de alerta que te envía tu cuerpo y seguir al paseo con tus amigos. O, por el contrario, puedes alertarte, imaginar lo peor y cancelar el paseo con tus amigos.

Solo te digo que es una señal de alerta y debes observarla. Lo correcto sería realizar una **evaluación** más profunda de la situación, revisar tu cuerpo y buscar potenciales causas... Solo hay una cosa clara: tienes una señal de alerta.

Las personas como yo, que tenemos una inclinación muy fuerte hacia el pensamiento positivo, podemos caer en la negación de la alerta, seguir al paseo con los amigos y esperar que se resuelva sola.

Las personas negativas pueden entrar en pánico, pensar lo peor, bloquearse y no actuar. Esta tendencia tampoco es la correcta. Bloquearte y pensar lo peor no traerá resultados positivos.

Entonces, ¿qué debemos hacer? Como Magnates de las Ventas, vamos a estar siempre atentos a las señales de alerta.

**10 Señales de Alerta en tus Ventas**

En el año 2009 tuve mi primera caída en ventas. Una fuerte y estrepitosa caída: estaba en "el Hueco".

Sin embargo, al principio no reconocí que estaba en "el Hueco". El año 2008 había sido espectacular y, cuando el año 2009 empezó lento en resultados, mi primera reacción fue ignorar las señales de alerta, pensar que era un tema fuera de mi control y me quedé muy tranquilo esperando que las cosas iban a mejorar "el siguiente mes".

Enero: Muy mal mes. Febrero no fue mejor. Me estaba empezando a preocupar, pero todavía no tomaba acciones concretas. Los meses siguieron avanzando y los resultados no mejoraban. ¡Yo estaba ignorando todas las señales! Me encontraba en un estado de negación.

**Las señales** que te indican que estás bajando hacia "el Hueco" son las siguientes:

1. Realizas un pronóstico de tus ventas del mes y los resultados reales son mucho **más bajos que tu pronóstico**.
2. **Los inventarios** de tus clientes están altos y con una rotación lenta.
3. Tus clientes solicitan una **rebaja de categoría** en los servicios que tienen contratados contigo. Por ejemplo, tus clientes con póliza de seguros Diamante **piden bajar** a categoría Bronce para disminuir costos.

4. Empiezas a escuchar **rumores de la competencia**: están presentando propuestas comerciales en tus principales clientes. Prefieres ignorar estos rumores pensando que son mentiras.
5. Tus clientes **están esquivos o fríos contigo**: no te contestan el teléfono o ahora es más difícil contactarlos y obtener citas y reuniones con ellos.
6. Te das cuenta de que tus clientes están **haciendo pruebas** con los productos y servicios de la competencia.
7. **El proceso de compra** de tus clientes ha cambiado. Por ejemplo, ahora compran a través de una licitación.
8. Notas que tu cliente está asistiendo regularmente a **almuerzos o cenas** con miembros de la alta gerencia de tu competencia, por ejemplo, con el presidente de tu principal competidor.
9. Tus clientes están solicitando regularmente **nuevas propuestas de precios** o servicios adicionales.
10. Te das cuenta de que **tu principal cliente ha perdido ventas** en los últimos meses.

Si te identificas con dos o más de estas señales, ¡cuidado! Puedes estar bajando "al Hueco" y no te has dado cuenta.

### 5 Claves para detectar las señales de alerta

Las señales de alerta siempre están ahí. Solo debes crear hábitos y disciplina para observar, autoevaluar y analizar. Es clave que desarrolles la capacidad de "Atención al Detalle", pues te permitirá realizar una radiografía completa de la situación.

Para detectar las señales de alerta debes seguir los siguientes pasos:

1. **Crear Redes de Contactos dentro de tus clientes:** Cuantos más aliados tengas dentro de las empresas de tus clientes, más posibilidades tendrás de detectar con anterioridad las señales de alerta. En mi caso, siempre busco generar relaciones positivas con las asistentes de los gerentes y las personas que usan mis productos. Ellas no son quienes toman la decisión de compra, pero sí están atentas a los movimientos de sus jefes y te podrán compartir información de primera mano.
2. **Realizar análisis de tus resultados de ventas:** Debes generar la disciplina de revisar en detalle todos tus reportes de ventas al finalizar el mes. Entrar producto a producto, cliente a cliente y región a región. En el siguiente capítulo vamos a definir juntos cómo realizar este tipo de radiografías.
3. **Ser un aliado comercial de tu cliente:** Ayuda a tu cliente en sus sistemas de inventario y revisa los inventarios de tus productos. Puedes darle sugerencias y apoyo para aumentar la rotación de su inventario. Tu cliente debe sentir que eres su socio y puede confiar en ti.
4. **Habla con tu cliente acerca de sus resultados comerciales:** Pregúntale, indaga y apóyalo. Si tu cliente vende en grande, tú también venderás en grande.
5. **Ojos abiertos y Oídos despiertos:** Debes observar y escuchar a tus clientes. Cada detalle que te llame la atención puede ser una señal de alerta.

La negación siempre va a empeorar la situación. Como Magnate de las Ventas, debes ser realista y crítico contigo mismo. Si detectas señales de alerta, tienes que activarte lo más pronto posible para realizar una radiografía completa de la situación.

### Preguntas de Reflexión y Plan de Acción

Imagina que eres un corredor de Fórmula 1, vas a toda velocidad liderando la carrera y te llaman de los *pits*. Debes detenerte un momento para llenar el tanque de gasolina y cambiar las llantas. Pero temes que puedas perder el primer lugar de la carrera. ¿Qué harías?

Lo más sabio es detenerte, hacer una pausa, llenar tu tanque y cambiar las llantas para garantizar tu triunfo. De lo contrario, se acabará la gasolina y estarás derrotado.

Para los Magnates de las Ventas, nuestros *pits* serán las preguntas de reflexión y el plan de acción.

Vamos a revisar los 5 puntos con preguntas de reflexión. Después de las preguntas de reflexión, vas a llenar el espacio en blanco con tu compromiso.

### CREAR *Redes de Contactos dentro de tus clientes*

1. Si te pidiera realizar una lista de los nombres de las personas claves que trabajan en la empresa de tu cliente, ¿cuántos nombres logras escribir?
2. ¿Tienes los teléfonos de los asistentes o secretarias de tus clientes?
3. ¿Cómo puedes ayudar a las asistentes de tus clientes? ¿Cómo puedes generar una relación de amistad y apoyo genuina?
4. Si llega la competencia, ¿las asistentes o secretarias de mis clientes se sentirían comprometidas para avisarme? OJO: Nunca por fuera de los lineamientos éticos y de ley, como conservar los secretos comerciales o propuestas de precios. ¡Nunca debes pedirle a alguien que te comparta este tipo de información!

**COMPROMISO:** Esta semana y a partir de mañana voy a crear mi red de contactos en mi cliente _____. Voy a conocer a las personas que les ayudan, los asistentes y las secretarias, y voy a interesarme de corazón en conocer algo de su vida. Voy a verlos como seres humanos y quiero ayudarlos. Recuerdo que Vender es Servir.

### REALIZAR *análisis de tus resultados de ventas*

1. ¿Cuánto tiempo dedicaste esta semana a revisar tus resultados de ventas del mes pasado?
2. ¿Cómo revisas los resultados de ventas cuando finalizas el mes?
3. ¿Realizas análisis por tipo de cliente, tipo de producto y tipo de canal?
4. ¿Tienes una bitácora de tus clientes? ¿Cómo es esa bitácora?
5. ¿Sabes cuándo fue la última vez que tus clientes compraron cada uno de tus productos?
6. ¿Puedes decirme cuáles son el top 5 de tus clientes en crecimiento este año en tus ventas? ¿En qué líneas de productos? Y lo más importante: ¿Sabes por qué están creciendo?
7. ¿Puedes decirme cuáles son el top 5 de clientes que más están cayendo en tus ventas? ¿Cada cuánto te reúnes con ellos para saber las razones de su caída? Y lo más importante: ¿Cómo los estás ayudando para que recuperen su crecimiento?

**COMPROMISO:** Esta semana y a partir de mañana voy a marcar en mi agenda un espacio de _____ horas para revisar en profundidad mis resultados de ventas. Voy a tomar el Top 5 de clientes en crecimiento y el Top 5 de clientes en caída. Voy a trabajar muy cerca con estos 10 clientes. Los ayudaré con mi conocimiento del mercado y con todo mi entusiasmo para que puedan crecer en grande.

. . .

## SER un aliado comercial de tu cliente

1. ¿Cuándo fue la última vez que te reuniste con tus clientes sin la intención de realizar una venta?
2. Eres la persona más experta en tu producto o servicio. ¿Cómo estás ayudando a tus clientes con tu experticia y conocimiento?
3. ¿Cuáles son tus clientes con los más altos niveles de inventario? ¿Cómo puedes ayudarlos para aumentar la rotación de esos inventarios?

**COMPROMISO:** Esta semana y a partir de mañana voy a crear la bitácora de inventarios de mis clientes. Voy a conocer sus inventarios y actualizaré constantemente la bitácora. Soy socio de mis clientes y ellos sienten que pueden confiar en mí, porque estoy generando planes de rotación de sus inventarios junto con ellos. Les brindo todo mi apoyo porque reconozco que Vender es Servir. Además, reconozco que si mis clientes logran una mayor rotación de sus inventarios, van a mejorar los niveles de sus flujos de caja y su salud financiera.

## HABLA con tu cliente acerca de sus resultados comerciales.

1. Eres un Vendedor o una Vendedora en Grande. ¿Cómo apoyas a tus clientes para que puedan convertirse en Vendedores en Grande como tú?
2. ¿Cuáles de mis destrezas comerciales puedo compartir con mi cliente?
3. ¿Cómo puedo entrenar a sus vendedores para mejorar su efectividad?
4. ¿Cuáles son las falencias que detecto en el proceso

comercial de mis clientes? ¿Cómo les puedo dar mi retroalimentación y ayudarlos a mejorar?

**COMPROMISO:** Esta semana y a partir de mañana voy a investigar acerca de los procesos comerciales de mi cliente _____. Estaré sinceramente interesado en que ellos mejoren sus resultados comerciales. Les ofreceré mi apoyo y ayuda para que ellos puedan beneficiarse de mi experiencia y conocimiento. Inclusive les ofreceré capacitaciones gratuitas ofrecidas por mí. Reconozco que mis clientes deben tener excelencia comercial y yo puedo ayudarlos en el proceso con mi experiencia y conocimiento.

### Ojos abiertos y Oídos despiertos.

1. Cuando estás con tus clientes, ¿estás totalmente concentrado en la conversación?
2. ¿He observado alguna actitud distante o fría en mis clientes?
3. ¿Cómo puedes observar a tus clientes <u>más allá de tus productos o servicios</u>?
4. ¿He recibido más reclamaciones de mis productos últimamente?
5. ¿He visitado a las personas que utilizan mi producto, **incluso si ellas no toman las decisiones de compra**?

**COMPROMISO:** Esta semana y a partir de mañana voy a estar totalmente presente y prestando total atención a todas las conversaciones e interacciones con mis clientes, en especial con mi cliente _____. Voy a estar atento a todos los comportamientos y preocupaciones inusuales que yo pueda percibir. Además, voy a visitar a las personas que usan mi producto, inclusive si ellas no son quienes toman las decisiones de compra. Voy a cuidar a mis clientes con total atención, con los ojos abiertos y los oídos despiertos.

Como Magnate de las Ventas, debes conocer en profundidad tu territorio, tu mercado y tus clientes. Este conocimiento te permitirá detectar las señales de alerta cuando empiezan a aparecer.

Prepara tus compromisos y, lo más importante: ¡Actúa!

CAPÍTULO 3

## ADMITIR Y RECONOCER LA SITUACIÓN

"El enemigo más peligroso del mundo es aquel que tú no reconoces".

*Tess Gerritsen – Autora estadounidense*

"El primer paso para Resolver un Problema es reconocer que el Problema SÍ existe".

*Zig Ziglar – Autor estadounidense en Ventas*

"Reconocer la realidad cuando no te gusta... Especialmente cuando no te gusta".

*Charlie Munger – Inversionista estadounidense*

Piensa por un momento en la última discusión que tuviste con tu pareja y él o ella tenía la razón... ¿Qué sentiste cuando lo descubriste? ¿Lo querías admitir? ¡Por supuesto que no! Todos los seres humanos tenemos el instinto de querer estar siempre en lo correcto. ¡Si nos equivocamos, lo peor de la equivocación es tener que admitirla! Al fin y al cabo, ¿a quién le gusta admitir los errores...? A nadie.

Este orgullo inmaduro y egoísta es natural, pero muy peligroso. Porque la negación te impide ver la realidad y te impide buscar soluciones.

Admitir que tus ventas están cayendo es doloroso. Lo sé porque lo he vivido. Pero es el primer paso para iniciar tus planes de acción y para comenzar a levantar tus ventas.

Te comparto un secreto: no conozco ningún negocio o producto que nunca haya tenido momentos difíciles en sus ventas. Es totalmente normal y natural que experimentes una caída o desaceleración de tus ventas. Pero si no lo admites y sigues haciendo lo que has hecho siempre, no vas a poder levantarte.

Los Magnates de las Ventas aprenden a admitir rápidamente los problemas y las dificultades.

Si lo admites rápido, vas a levantar tus ventas rápido.

**No es tu culpa, no eres una Víctima**

La culpa es uno de los sentimientos más negativos y destructores que siente el ser humano. Te quita tu poder.

En el momento de admitir que tus ventas están cayendo, lo primero que debes evitar es la culpa. La culpa te drena. La culpa te quita tu energía, te deprime y te hace magnificar todo lo negativo.

Tampoco eres víctima: es fácil pensar que tu jefe no te ayudó, o las personas de Servicio al Cliente se demoraron en responder, o el clima estaba muy frío o muy caliente, o puedes crear cualquier excusa.

Sentirte víctima te resta poder, pues le asignas el poder a algo externo como tu jefe, el precio, la competencia o hasta el clima. Te repito: no eres víctima.

En conclusión, no es tu culpa, no debes crear excusas y no eres víctima de nada ni de nadie. En este momento de angustia, de rabia y de impotencia después de admitir que tus ventas están cayendo me preguntas: Miguel, ¿qué hago entonces?

Es el momento de tomar la decisión más importante de tu vida.

## La Decisión más Importante de tu vida

Por favor, lee en detalle las dos historias que te comparto a continuación de Pedro y Maria:

**Pedro:**

*El mes pasado, un viernes a las 8:00 a.m., Pedro visita a su mayor cliente. Es una visita de seguimiento, pues los pedidos del cliente han disminuido los últimos tres meses. Este cliente tiene relaciones comerciales con la empresa de Pedro desde hace dos años.*

*De repente, los temores de Pedro se confirmaron: su cliente estaba realizando pruebas con el mayor competidor de Pedro y habían firmado un contrato. Pedro perdió su cliente.*

*Al principio, Pedro se sintió culpable. Había ignorado las señales de alerta porque se sentía confiado de su relación con el cliente. La culpa lo deprimió.*

*Después, Pedro definió que la razón de su pérdida fue la falta de acompañamiento de su jefe en las visitas regulares y las demoras del equipo de Servicio al Cliente para atender los pedidos. Pedro se sentía Víctima. Desde hace cuatro semanas solo escuchamos quejas y lamentos de Pedro, e inclusive preparó un largo informe explicando las razones de la pérdida del cliente donde relataba la falta de apoyo de su jefe y las demoras del equipo de Servicio al Cliente. Pedro se declaró a sí mismo Víctima en la pérdida del negocio.*

**María:**

*El mes anterior, un viernes, exactamente el mismo día en que Pedro descubrió que había perdido su mayor cliente, Maria tuvo la misma experiencia: al llegar a una visita de rutina con su mayor cliente, se dio cuenta que lo había perdido.*

*La tristeza y preocupación de María fueron notables. Al principio se sintió culpable. Sin embargo, María es una Magnate de las Ventas y,* por lo tanto, eliminó la culpa de su interior. Tampoco culpó a su jefe ni al equipo de Servicio al Cliente.

María tomó la decisión más importante de su vida: decidió ser Responsable y no Víctima. Asumió con madurez la responsabilidad. Inmediatamente dejó de quejarse. Como Responsable, María realizó dos acciones concretas:

1.Realizó un análisis de la situación para obtener aprendizajes. Este análisis lo hizo muy rápido, sólo demoró dos días, pues necesitaba pasar con urgencia a la segunda acción:

2.Diseñó un plan de acción para recuperar a su cliente.

Maria se sintió poderosa y empoderada cuando decidió ser Responsable.

Como Magnate de las Ventas, la decisión más importante de tu vida será: SER RESPONSABLE. Cuando decides ser responsable dejas a un lado la culpa. Puedes analizar las situaciones con la cabeza fría y obtener aprendizajes. Adicionalmente, cuando eres responsable no eres víctima de nada ni de nadie.

Toma la decisión más importante de tu vida: decide ser Responsable. Te sentirás poderoso y empoderado. Serás el dueño de tu destino.

### Cuidado con tus palabras

Las palabras son muy poderosas. Las palabras que dices a otros y las palabras que te dices a ti mismo tienen la capacidad de programar tu subconsciente. ¿Cómo quieres programar tu subconsciente?

Con palabras positivas te sentirás empoderado y podrás activarte hacia acciones constructivas. Al final obtendrás resultados poderosos.

No te pido que te conviertas en un Optimista ciego y niegues la realidad de los hechos.

Los Magnates de las Ventas utilizan una técnica que les permite aprender de los errores sin sentir culpa... Debes cambiar "Si hubiera" por "La próxima vez".

**Pedro:** *"Si hubiera visitado a mi cliente con mi jefe no habría perdido el negocio".*

**María:** *"La próxima vez visitaré mi cliente semanalmente, revisando sus resultados y cuidando el negocio".*

"La próxima vez" te empodera, te brinda esperanza y te permite dejar atrás la culpa.

**Realismo Positivo**

¿Quieres saber cuál es la clave para tener la actitud correcta? Los Magnates de las Ventas aplican un balance entre la Autocrítica y el Optimismo: Se llama Realismo Positivo.

Debes ser crítico para admitir y reconocer que tus ventas están cayendo. Sin embargo, no te puedes hundir a ti mismo en un pesimismo que termina bloqueándote.

Ver el vaso medio lleno en vez de medio vacío. La segunda parte de la clave es: ¡Actuar, Actuar y Actuar! La acción constante terminará trayendo frutos.

Reconoce este momento de dificultad como un curso que te va a preparar para estar listo para la próxima tormenta. Además, como toda tormenta, este momento también pasará.

**Las Palabras Mágicas**

Voy a compartirte una historia que me sirve en todos los momentos de mi vida. No recuerdo dónde la leí, por lo que me disculpo con su autor. La historia dice así:

Había una vez un joven guerrero llamado Juan. Un día, este joven y valiente guerrero estaba caminando solo por el bosque y se encontró con un anciano. Era un Maestro.

El Maestro se acercó a Juan y le dijo: "Te voy a entregar dos papeles, un papel de color rojo y un papel de color azul. Solo puedes leerlos cuando te lo indique: el papel rojo debes abrirlo y leerlo en un momento de mucha angustia y dolor en tu corazón. El papel azul debes abrirlo y leerlo en un momento de gran alegría y gozo en tu corazón".

El Guerrero Juan estaba sorprendido, pero tomó los dos papeles doblados y los guardó en su bolsa... Esta bolsa siempre la llevaba consigo.

Tres meses después del encuentro con el Maestro, estalló una violenta guerra en el pueblo del Guerrero Juan. En medio de la batalla más difícil y cuando se sentía totalmente desanimado y derrotado, el Guerrero Juan recordó la conversación con el maestro, tomó el papel rojo, pues estaba en su momento de angustia, y lo leyó. El papel decía:

"Ten Fe: esto también pasará"

La guerra terminó y el Guerrero Juan fue el mejor de los guerreros, recibió muchos premios y reconocimientos.

En su pueblo, hicieron una fiesta especial en su honor. Todas las personas lo felicitaban. El Guerrero Juan estaba muy orgulloso por su triunfo. Se sentía alegre y contento. En ese momento recordó nuevamente su conversación con el Maestro. Tomó el papel azul, pues estaba en su momento de mayor alegría y gozo, y lo leyó.

El papel tenía escrito:

"Deja tu orgullo: esto también pasará"

Tus palabras mágicas como Magnate de las Ventas son: **Esto también pasará.**

CAPÍTULO 4
# LA RADIOGRAFÍA Y EL DIAGNÓSTICO

"*El diagnóstico no es el fin. Es el principio del tratamiento*".

*Martin Henry Fischer – Autor y médico germano-estadounidense*

"Un diagnóstico correcto es ¾ del remedio".

*Mahatma Gandhi – Líder de India*

"*En las ventas, como en la medicina, prescribir un tratamiento antes del diagnóstico es mala praxis*".

*Dr. Tony Alassandra - Autor estadounidense*

Imagina que una mañana te despiertas y sientes un fuerte dolor de estómago. Esperas unos minutos, pero el dolor se hace más agudo. Decides ir al hospital y al llegar te atiende un doctor. Escucha que tienes dolor de estómago y, sin examinarte, simplemente toma su libreta y escribe una receta médica que incluye dos tabletas de una medicina para ser tomada tres veces al día. Te despide y te desea suerte.

¿Cómo te sientes tan solo de imaginarlo? Indignado, ¿verdad? Ni siquiera te examinó. ¿Tomarías esa medicina? Creo que buscarías una segunda opinión.

Visitas un segundo hospital. En este lugar inician un tratamiento de diagnóstico completo: examen de sangre, examen de orina, presión arterial, radiografía y ecografía de estómago. Debes esperar dos horas por los resultados de todos los exámenes. Al finalizar las dos horas, una doctora te explica en detalle tu situación y además te prepara una receta médica con varias recomendaciones y medicamentos.

¿Dónde te sientes más tranquilo?

En el segundo hospital. Porque:

**Un buen diagnóstico es la base de un buen tratamiento.**

Los Magnates de las Ventas como tú y como yo reconocemos la importancia de un buen diagnóstico. Soy un creyente del poder de la acción. Pero la acción sin reflexión nos llevará al desastre.

En este capítulo vas a aprender a realizar un diagnóstico en profundidad, a definir tus prioridades y a prepararte para empezar a Levantar tus Ventas en Grande.

¿Estás listo? Pues adelante.

**Pasos para un Buen Diagnóstico**

Quiero contarte un secreto. Yo tengo dos récords que nadie ha logrado batir en varios años: la venta más alta en un mes y la venta más baja en un mes. Y he tenido ese récord en varias empresas y negocios.

¿Sabes con cuál de los récords aprendí más? Con el segundo. La venta más baja me enseñó la importancia de hacer un buen diagnóstico. Fue cuando se encendieron todas las señales de alerta.

Los Magnates de las Ventas reconocemos que en nuestro mundo comercial hay subidas y bajadas. Pero en las bajadas aprendemos a tomar impulso para subir muy alto.

Tranquilo, vas a empezar a subir en grande si haces lo que te digo con disciplina, perseverancia y pensamiento positivo.

Hay tres tipos de diagnóstico que debes hacer. Pero, antes de empezar, quiero pedirte que dediques un tiempo a solas, un tiempo de total concentración para hacer estos tres diagnósticos. Debe ser un tiempo largo y suficiente. Este tiempo será tu mejor inversión para descubrir cosas que ni te has imaginado que están pasando en tu territorio.

El primer tipo de diagnóstico es el Diagnostico Cuantitativo. Es mirar el pasado, los números. Es muy exacto. Lo realizas a partir de las ventas del año pasado, el mes pasado y la semana pasada, de acuerdo a tu negocio. El pasado nos puede ayudar a predecir el futuro. Sin embargo, por favor lee y entiende la siguiente frase: **Tu pasado No Determinará tu Futuro si planeas y actúas diferente.** Lo repetiré: Tu pasado no determinará tu futuro. No te sientas anclado por el pasado, pues tu pasado simplemente fue tu profesor para enseñarte valiosas lecciones. Concéntrate en el presente. Es lo único sobre lo cual tienes poder.

El segundo tipo de diagnóstico es el Diagnóstico Cualitativo. No se puede medir con números. Está basado en tu conocimiento del mercado, de tus clientes y de tu competencia. Y el principal ingrediente del Diagnóstico Cualitativo es tu intuición, es decir, ese sentimiento que tienes en tu interior basado en ciertos comportamientos de tus clientes.

Finalmente, el tercer tipo de diagnóstico es el Diagnóstico Visionario, donde predices el futuro. Para este tipo de diagnóstico debes tener los Ojos Abiertos y los Oídos Despiertos para observar, escuchar e investigar. Además, vas a utilizar tu imaginación para determinar cómo se comportarán el mercado y tus clientes en el futuro.

Este tipo de diagnóstico no es exacto, pues el futuro es incierto, pero te puede ayudar a tomar decisiones.

A continuación vamos a profundizar en cada uno de estos diagnósticos. Voy a repetirte la primera instrucción: dedica un tiempo a solas, sin teléfono ni distracciones, para realizar cada uno de los tipos de diagnóstico. Este tiempo invertido será como entrar a los *pits* para recargar combustible. Será tu mejor inversión como Magnate de las Ventas.

Vamos adelante.

**Diagnostico Cuantitativo**

Imagina por un momento que eres un auditor. Vas a investigar en profundidad los resultados numéricos de tus ventas. En este diagnóstico vas a ejercitar tu capacidad de atención al detalle para buscar en cada número la respuesta a la pregunta: ¿En cuáles productos, segmentos y clientes estoy cayendo?

Ahora, como Magnate de las Ventas, vas a generar reportes y los vas a analizar para generar conclusiones contundentes.

### Calidad de la Información

Antes de empezar, debes garantizar la calidad de la información de tus ventas. Genera reportes de ventas confiables, ya sea que trabajes en una gran compañía y te provean la información o, por otro lado, si tienes tu negocio propio, genera tus propios reportes en hojas de cálculo como Excel. Lo más importante es que la información sea totalmente confiable. No puedes tener dudas de los datos.

Si no confías en la información que posees, tu Diagnóstico Cuantitativo puede ser un desastre.

### Detalle de la información

El nivel de detalle te permite profundizar en tus análisis. Debes crear reportes con los siguientes datos:

1. Nombre del cliente
2. Fecha de compra: incluye día, mes y año

3. Producto comprado
4. Número de unidades compradas
5. Precio unitario
6. Valor total de la venta

Esta información, organizada en columnas, te permitirá generar una base de datos muy potente. Revisa la siguiente imagen como ejemplo:

| Nombre Cliente | Producto | Cantidad | Precio Unitario | Venta total | Mes | Dia | Año |
|---|---|---|---|---|---|---|---|
| Marco Perez | Curso Mas Cierres Mas Ventas Mas Dinero | 1 | $ 10 | $ 10 | Enero | 4 | 2020 |
| Marco Perez | Libro Vender en Grande | 3 | $ 8 | $ 24 | Enero | 4 | 2020 |
| Marco Perez | Libro Levanta tus Ventas | 2 | $ 9 | $ 18 | Enero | 4 | 2020 |
| Laura González | Libro Levanta tus Ventas | 4 | $ 9 | $ 36 | Enero | 6 | 2020 |
| Sofia Ruiz | Curso Mas Cierres Mas Ventas Mas Dinero | 1 | $ 10 | $ 10 | Enero | 8 | 2020 |
| Sofia Ruiz | Libro Vender en Grande | 1 | $ 8 | $ 8 | Enero | 10 | 2020 |

*Ejemplo de informe de ventas elementos mínimos y calidad de la información*

Debes crear una fila para cada una de las transacciones, inclusive si se repite el cliente. El nivel de detalle será la llave de tu éxito en este punto.

En este ejemplo, el cliente Marco Pérez está en tres filas, pues realizó compras de tres productos.

Organizar tu reporte de ventas con estos datos mínimos te permitirá crear la base de datos para construir tu Diagnóstico Cuantitativo. Si posees detalles adicionales, también los puedes incluir. Es fundamental conservar la calidad de la información, como vimos en la sección anterior. Por lo tanto, si agregar más detalles pone en peligro la calidad de tu información, por favor no lo hagas.

**Frecuencia de revisión**

No puedo determinar una frecuencia de revisión que funcione para todos los tipos de empresas y negocios. Por ejemplo, en las empresas de alta rotación de producto, la revisión debe realizarse de manera semanal o diaria. En otro tipo de negocios donde la rotación es más baja y los ciclos de venta son más largos, la revisión se realiza mensual o trimestralmente.

Mi recomendación personal es que lo realices lo más frecuentemente que puedas, porque cuidar de tus números te permitirá tomar decisiones y acciones a tiempo.

**Habilidades analíticas y hojas de cálculo**

Los Magnates de las Ventas como tú y yo debemos poseer un conocimiento básico o intermedio de las hojas de cálculo como Excel. Te recomiendo que si crees que *"eso del Excel no va conmigo"*, elimines esa idea de tu vida. Para controlar tu negocio, realizar diagnósticos acertados y Vender en Grande, debes tener habilidades analíticas y de hojas de cálculo que te permitan entrar a investigar, hacer comparaciones y conclusiones para determinar tus planes de acción. Adelante, aprende a usar hojas de cálculo, práctica y desarrolla tus habilidades analíticas.

En este punto ya posees todas las herramientas para realizar tu diagnóstico cuantitativo. Llegó la hora de actuar.

**Crear tu Diagnóstico Cuantitativo**

Ya tienes todas las herramientas, tus reportes de ventas con información detallada y confiable. ¿Cómo utilizo todas estas herramientas?

La base del Diagnóstico Cuantitativo es la comparación. Vas a tomar tus ventas más recientes y las vas a comparar con periodos similares del pasado. Si hoy fuera 5 de junio, ya debes tener tu reporte de ventas del mes de mayo. Puedes comparar las ventas de mayo del año 2020 así:

1. **Mayo 2020 vs. Mayo 2019**: Esto te permitirá analizar la tendencia de un mes similar en comparación con el mismo mes del año pasado.

2. **Análisis de tendencia** de los meses de enero, febrero, marzo, abril y mayo de 2020.
3. **Ventas acumuladas** Enero-Mayo 2019 vs. Enero-Mayo 2020: Esta es una de mis favoritas porque neutraliza el efecto de "Estacionalidad de la Venta"
4. **Análisis de tendencia 2019 vs. 2020:** Te permitirá analizar el avance y la tendencia de los meses transcurridos durante el año.

Cada uno de estos análisis lo debes realizar por cada línea de producto, clientes y segmentos de clientes. Vas a descubrir valiosos elementos. Quizás uno de tus productos está cayendo en todos los clientes y no lo habías notado. O tu mayor cliente está decreciendo lentamente sus compras y no te has percatado. O alguno de tus clientes está creciendo y requiere apoyo adicional tuyo.

Con estos elementos y descubrimientos puedes decidir cómo vas a enfocar tus esfuerzos y energía. Podrás crear planes de acción.

Adelante, vamos a Levantar tus Ventas en Grande.

**Crea tu Diagnóstico Cualitativo**

La base para crear tu diagnóstico cualitativo es tu capacidad de observación y detección de actitudes y reacciones de tus clientes. Debes realizarte las siguientes preguntas para realizar este diagnóstico:

1. ¿He visto movimientos inusuales de mi competidor en mis clientes?
2. ¿Cuáles son las cosas que mi cliente está haciendo diferente con respecto a mi producto y servicio?
3. ¿He sentido actitudes de rechazo o actitudes negativas por parte de mis clientes?
4. ¿Han aumentado el número de quejas y reclamos de mis clientes?

Por favor, ten en cuenta estos dos puntos clave:

Primero, no permitas que tu imaginación vuele. Te recomiendo un libro muy poderoso de Miguel Ruiz llamado *Los cuatro acuerdos*. Allí se nos enseña una valiosa lección: "No hacer suposiciones".

En segundo lugar, en este mismo libro *Los cuatro acuerdos*, se nos enseña que no debemos tomar nada personalmente.

Es fundamental tener los ojos bien abiertos para ver más allá de lo evidente y poder tener la sensibilidad suficiente para detectar señales ocultas, leyendo "entre líneas" en las conversaciones e interacciones con tus clientes.

**Diagnóstico Visionario**

Imagina que tienes una bola de cristal y puedes predecir el futuro. Esto te permitiría saber dónde debes enfocar tus esfuerzos para ayudar a tus clientes y renovar tu propuesta.

Sin embargo, no es necesario tener una bola de cristal para detectar las tendencias de tu mercado y el negocio de tus clientes. Es necesario observar, reflexionar y aprender de otras industrias.

Por ejemplo, piensa por un momento que eres vendedor de propiedad raíz en una inmobiliaria. ¿Que pasaría con tu negocio si no haces una integración de tu forma de servicio tradicional (los avisos impresos en las ventanas "SE VENDE" o "SE ARRIENDA") con la nueva forma de oferta virtual de los servicios de páginas web donde se publican las ofertas de oficinas, casas y apartamentos? ¿Dónde estarías en uno o dos años?

Probablemente tu negocio estaría arruinado si no te unes a la tendencia de oferta de inmuebles por Internet.

De la misma forma, debes dedicar espacios de tiempo para reflexionar y visualizar tu mercado y tu negocio, y cómo se verá impactado por las tendencias digitales y las nuevas formas de vender y comprar que nos sorprenden cada día.

Los Magnates de las Ventas como tú y como yo dedicamos espacios a la reflexión y estudio en soledad, para imaginar y crear nuevas soluciones. El Diagnóstico Visionario te permitirá innovar para ir un paso por delante.

**Unir los tres Diagnósticos**

En este momento tienes tres tipos de diagnósticos. Llegó la hora de tomarlos y realizar un cruce de conclusiones. Observa los resultados cuantitativos de cada cliente (lo que te dicen sus resultados en ventas), luego revisa tus conclusiones y análisis del Diagnóstico Cualitativo (lo que observas, escuchas y percibes) y finalmente las conclusiones del Diagnóstico Visionario.

A partir de estos tres resultados tienes elementos suficientes para confirmar tus señales de alerta y empezar a construir los planes de acción.

**Parálisis por Análisis**

¿Qué pasaría si en la Fórmula 1, al llegar los autos a los *pits*, los ingenieros se dedicaran a analizar la información y tuvieran el auto detenido hasta no tomar decisiones? Sería un desastre, ¿verdad?

Otro ejemplo poderoso es el siguiente: Estás enfermo, llegas al hospital y te practican una gran variedad de exámenes, radiografías, tomografías y evaluaciones de todo tipo. Tu doctor ya tiene todos los resultados en sus manos, pero no te define un tratamiento... Tu salud empeora en cada minuto de espera. Este es el gran peligro de la *"Parálisis por Análisis"*.

Lo mismo nos sucede cuando sufrimos la llamada *"Parálisis por Análisis"*, donde nos dedicamos a revisar, analizar y observar los datos y las señales de alerta y nos quedamos paralizados. Es importante tener un balance entre diagnóstico y acción, pero los Magnates de las Ventas toman decisiones rápidas y actúan a partir de los diagnósticos.

En este punto, ya tienes valiosos elementos para entender tu mercado, tus clientes y las razones de la caída en tus ventas. Ya estamos listos para construir nuestros planes de acción.

Pero, antes de construir estos planes de acción, vamos a hacer una pausa para trabajar en ti, en tu energía y tu bienestar.

Tú, mi estimado o estimada Magnate de las Ventas, eres el Piloto de este avión que está a punto de iniciar el vuelo levantando sus ventas. Si el piloto se enferma... ¿quién está al mando de la aeronave?

Es por esto que en el próximo capítulo trabajaremos en ti, en tu bienestar, salud, fuerza, calma, energía y preparación personal, para estar listos antes de Levantar tus Ventas.

¡Adelante, vamos juntos a prepararnos para el Éxito!

CAPÍTULO 5

## TRABAJA PRIMERO EN TI: NECESITARÁS MUCHA FUERZA Y ENERGÍA PARA SUBIR

"Invertir en ti mismo es tan importante o quizás más importante que invertir en tu negocio".

Emily Thompson – Profesora e historiadora estadounidense

"Si te ubicas a ti mismo en el primer lugar en tu lista de tareas, serás más productivo, fuerte y concentrado para resolver todos los problemas".

Coffee With Kristi – Emprendedora

"Si te sientes agotado, desmoralizado y exhausto, lo mejor por el bien de todos es que te detengas y te retires para restaurarte".

Dalai Lama – Líder espiritual

*"Autocuidarte es la forma de recuperar tu Poder".*

*Lalah Delia – Escritora estadounidense*

¡Felicitaciones, mi Magnate de las Ventas! En este momento has dado grandes pasos para Levantar tus Ventas. Reconoces las Señales de Alerta y has hecho un Diagnóstico muy profundo de la situación. Debemos estar listos para crear el plan y actuar.

Pero antes de hacerlo, hay un paso que no te puedes saltar. Este paso es trabajar en ti mismo. Tú eres una fuente maravillosa de poder para crear y construir; sin embargo, debes estar al máximo nivel mental, físico y emocional para poder empezar a actuar.

Este punto no hablaremos acerca de tus ventas ni de tus clientes. Estremos enfocados 100% a ti. Necesito que estés al 100% listo para continuar.

¿Estamos listos? ¡Vamos juntos adelante!

### Lo que necesitas para crear y construir

Si fueras un maratonista profesional que va a correr la carrera más importante de su vida, ¿qué harías las dos semanas previas a la gran carrera? Seguramente te cuidarías mucho, tanto en tu cuerpo como en tu mente y en tu espíritu.

Con respecto a tu cuerpo, estarías comiendo los mejores alimentos, cuidándote de no tener una caída o accidente y realizando el entrenamiento con total dedicación y obediencia de las órdenes de tu entrenador. No tomarías licor ni te irías de fiesta hasta el amanecer.

Ahora, con tu mente, estarías trabajando en visualización, concentración y meditación positiva, porque sabes que ***la carrera se gana primero en la mente y luego en la pista***.

Finalmente, en tu espíritu estarías trabajando para estar en total tranquilidad y paz interior.

De esta forma, garantizas que estás listo para la carrera, tanto en cuerpo como en mente y espíritu.

Magnate de las Ventas, estás a punto de iniciar la gran carrera de Levantar tus Ventas. Si no estás bien, no vas a poder crear ni construir. ¡Punto!

En este momento, la disciplina juega un papel fundamental: vas a cuidarte y trabajar en ti con disciplina todos los días, pues la tormenta te va a traer días difíciles en los cuales vas a querer tirar la toalla. Pero si trabajas en ti mismo y eres fuerte en tu interior, vas a poder superar todos los retos de tu gran carrera.

**El costo de la angustia**

Los científicos concuerdan en un hecho fundamental: el estrés, la angustia y la preocupación te enferman. Está comprobado que causan migrañas, dolores de cabeza y problemas en el sistema digestivo.

Imagina que vas jugar un partido de tenis con migraña o dolor de estómago. Seguro que no tendrás muchas posibilidades de ganar. Lo mismo ocurre con la carrera que estamos iniciando para Levantar tus Ventas en Grande. Debes tener toda la fuerza y energía, y la mejor disposición, tanto física como mental y espiritual.

En resumen, la angustia y la preocupación tienen precios muy altos:

- ***Te Enferma.*** Es definitivo: el estrés, la preocupación y la angustia te enferman e inclusive te pueden dejar secuelas por el resto de tu vida… Y, en el peor de los casos, nos puede dar un infarto o un derrame cerebral por angustia. Tu vida y tu salud son preciosas. No estés dispuesto o dispuesta a pagar este precio.
- ***Te paraliza.*** La angustia no te permite pensar con claridad. Piensa en lo siguiente: imagina que ves un estanque de agua cristalina. Si el agua esta calmada y

quieta, puedes ver el fondo del estanque. Si el agua esta agitada y en movimiento, no puedes verlo. Lo mismo ocurre con tu mente. Debe estar en calma para poder ver claramente.
- **Afecta tus Relaciones.** La angustia y el estrés surgen del miedo y hacen que nos convirtamos en personas más sensibles, irascibles y hasta agresivas. Para Levantar tus Ventas en Grande es necesario trabajar conscientemente para mantener la armonía en las relaciones, tanto con tu equipo de trabajo como con tus relaciones personales.

Esta falta de claridad te paraliza y no te permite actuar. Si estás paralizado, no puedes levantar tus ventas. Este es el segundo precio: no podrás Levantar tus Ventas en Grande.

## Cómo suprimir las preocupaciones

En este momento estarás pensando: *Miguel, decirlo es MUY FACIL… Pero ¿cómo puedo dejar la angustia y la preocupación?*

En este punto, quiero recomendarte un libro que contiene consejos muy potentes para tu vida: *Cómo suprimir las preocupaciones y disfrutar de la vida* de Dale Carnegie.

Personalmente utilizo este libro de manera regular cuando tengo periodos de estrés y preocupación.

El autor Dale Carnegie nos comparte algunos consejos prácticos:

1. **Vive el Presente**. Ir al pasado puede amargar tu momento actual. Asimismo, ir al futuro te llena de angustia. El Presente es tu regalo. Es el único lugar donde puedes actuar.
2. **Piensa en el peor escenario.** Tu imaginación es una poderosa herramienta. Pero también es muy peligrosa si no la controlas. A veces nos imaginamos películas de terror en la mente que nos angustian. Puedes detenerte

un momento y pensar: ¿qué es lo peor que puede pasar? Descubrirás que en el peor, de verdad el peor de los escenarios, vas a estar bien.
3. ***Analiza los problemas, toma decisiones y Actúa.*** Ese es el propósito de este libro. Has realizado un diagnóstico completo de la situación de tus ventas, ahora vamos a diseñar el plan de acción para empezar a Levantar tus Ventas en Grande.
4. ***Recuerda el precio en salud y bienestar:*** El precio en salud y bienestar es muy alto. La angustia, la preocupación y el estrés son la fuente de enfermedades cardiovasculares, dolencias del sistema digestivo, migrañas y dolores de cabeza. El precio en salud y bienestar es demasiado alto.

Dale Carnegie nos comparte estas cuatro y otras estrategias adicionales para eliminar las preocupaciones que paralizan.

Ahora te voy a compartir una herramienta que a mí personalmente me ha traído grandes resultados a nivel personal y profesional. Es el Poder de la Meditación.

**El Poder de la Meditación**

La mente es el más poderoso instrumento que tenemos como seres humanos. Sin embargo, en el mundo occidental donde vivimos no se nos enseña a entrenar ni utilizar esta poderosa herramienta.

Cuando se menciona la palabra meditación, inmediatamente nos imaginamos un monje budista que vive en el Tíbet. O quizás una persona que tiene un estilo de vida *hippie*, es vegetariana y no se dedica a las ventas. Estos estereotipos y prejuicios nos impiden conocer la meditación.

En resumen, la meditación es la forma de entrenar el músculo de tu mente. Puedes buscar en plataformas como YouTube videos y lecciones de meditación. Al principio será retador concentrarse. Sin embargo, cuando empieces a entrenar y fortalecer tu mente, vas a ir avanzando y aprendiendo nuevas técnicas, y descubrirás este poder.

Empieza por buscar la meditación tipo *Mindfulness*. Este puede ser un buen comienzo.

**Tu Pasado no definirá tu Futuro**

Como seres humanos tenemos la tendencia natural a pensar que, si mis resultados del pasado no fueron buenos, mi presente y mi futuro no lo serán tampoco.

Mi Magnate de las Ventas, te tengo una gran noticia: ¡tu pasado no puede definir tu futuro! ¡Solo tú puedes definir tu futuro a partir de tu presente y la calidad de tus pensamientos!

Imagina por un momento que estás cocinando un pastel de chocolate. Estás a punto de empezar a hornearlo y ya tienes toda la mezcla lista para el horno. ¿Qué pasaría si decidieras agregar aceitunas y trozos de salmón a tu pastel de chocolate? Probablemente no tendrá el mejor sabor. Has arruinado el futuro de ese pastel.

Lo mismo ocurre en el proceso de Levantar tus Ventas en Grande. Vamos a garantizar que los ingredientes sean los mejores y, ¿cuáles son los ingredientes? El diagnóstico, el mapa de oportunidades, la priorización, los planes y las acciones que tomas. ¿Cuál es el ingrediente secreto? La actitud mental y los pensamientos que cultives.

Siempre me preguntan: *"Si los pensamientos y mi actitud mental son los ingredientes secretos, ¿qué debo hacer?"*. Es simple: cambia la forma como observas los acontecimientos. Por ejemplo, si perdiste un cliente, puedes recibirlo de dos maneras:

**Pedro:** *¡Soy un tonto y un descuidado! ¿Por qué no hice nada para proteger este cliente? Seguro que mis demás clientes verán lo que ha pasado y también los voy a perder.*

**María:** *¡Ouch, perder un cliente duele! Pero bueno, me pregunto: ¿qué puedo aprender de esta lección? ¿Cómo puedo proteger mis otros* *clientes para evitar que ocurra esto? Y lo más importante, ¿cómo voy a recuperar mi cliente? ¡Porque estoy segura que lo voy a recuperar!*

*"Si cambias la forma como observas los hechos, los hechos que observas cambian"*. Wayne W. Dyer

Tienes el poder de moldear tu futuro. Y tu futuro será: *Levantar tus Ventas en Grande*.

Vamos a continuar con la pregunta que va a cambiarlo todo... Mi Magnate de las Ventas, ¿estás listo?

**La pregunta más poderosa del mundo**

Una tarde de noviembre de hace varios años, me encontraba angustiado por los resultados de ventas de ese mes. Las cosas no se veían bien. Estaba solo tomando un café, intentando disimular mi angustia.

De repente, apareció un maestro comercial y me dijo: *"Miguel, puedo ver que estás angustiado"*. Le respondí que sí, que me preocupaban los resultados de ese mes. En ese momento, me dio un regalo que nunca olvidaré y que inclusive lo utilizo cuando la angustia comienza a aparecer. Me dijo: *"Miguel, simplemente pregúntate: ¿quién soy yo?"*.

En ese momento no lo entendí. *"¿Quién soy yo? ¿Qué tiene que ver eso con los resultados de ventas?"*, pensé con rabia. Sin embargo, continué pensando en la pregunta y súbitamente llegó la luz: *"¡Por supuesto! Yo no soy los resultados de estas ventas. Yo soy más que esto. Mis resultados no definen quién soy yo"*.

1. *Yo soy poderoso y mis resultados de ventas no me definen.*
2. *Yo soy un gran vendedor profesional y mis resultados de ventas de un mes o de un año no me definen.*

3. Yo soy un Magnate de las Ventas y mis resultados de ventas de un mes o de un año no me definen.
4. Yo soy un padre amoroso y feliz: mis resultados de ventas de un mes o de un año no me definen.
5. Yo soy un esposo enamorado y feliz: mis resultados de ventas de un mes o de un año no me definen.
6. Yo soy un hijo amado y feliz: mis resultados de ventas de un mes o de un año no me definen.
7. Yo soy un hermano querido, amado y feliz: mis resultados de ventas de un mes o de un año no me definen.
8. Yo soy un deportista apasionado: mis resultados de ventas de un mes o de un año no me definen.
9. Yo soy un amigo apreciado y querido: mis resultados de ventas de un mes o de un año no me definen.
10. Yo soy un hijo de Dios: mis resultados de ventas de un mes o de un año no me definen.

Continué escribiendo esta lista y me sentí aliviado, empoderado, tranquilo y feliz... Lo más sorprendente fue esto: cuando me desprendí de la angustia, trabajé con paz y confié, los resultados de ventas empezaron a mejorar.

Mi Magnate de las Ventas, **¿quién eres tú?**

Por favor, detente en este momento. Cierra el libro, toma una hoja de papel y escribe por lo menos 10 respuestas a esta pregunta. Te garantizo que te sentirás mejor.

Ya estás listo para continuar.

Si requieres más tiempo para trabajar en ti, adelante. Invierte tiempo y energía en ti, pues el camino que viene va a requerir lo mejor de ti. Vendrán días de desilusión y desánimo, aunque también vendrán días de alegría y celebración.

**Tu rol como Líder**

Los Magnates de las Ventas como tú y como yo siempre somos líderes. No significa que debas ser gerente de ventas, coordinador comercial o "el jefe" para ser líder.

Eres el líder de tus compañeros, otros vendedores que pueden estar viviendo lo mismo que tú estás viviendo.

Te pido un favor: sé un instrumento de luz para tu equipo. Comparte estas técnicas e ideas, ayuda con sinceridad, contagia un buen ambiente de trabajo, sé ejemplo.

CAPÍTULO 6

## EL SECRETO PARA DESCUBRIR LAS OPORTUNIDADES: EL "DOLOR" DEL CLIENTE

"*Tu conocimiento y entusiasmo son irrelevantes si no solucionas el problema de tu cliente*".

"H*AZ que el problema de tu cliente sea tu problema. Resolviendo sus problemas y necesidades vas a crear una verdadera alianza*".

Shep Hyken – Escritor y conferencista experto en Servicio al Cliente

"*Si te apropias del Problema, tu cliente será tuyo*".

Jeffrey Gitomer – Escritor y conferencista experto en Lealtad del Cliente

"*El Éxito no está en convencer de una ventaja de tu producto, sino en aprender a resolver los problemas de tu Cliente*".

Eric Ries – Escritor y emprendedor estadounidense

**PROblema, PROducto, PROmoción: El Dolor del Cliente**

Todos los vendedores tenemos la tentación de enfocarnos en nuestra promoción del mes, por ejemplo: *"Este mes tenemos promoción del producto A con Pague 1 y lleve 2"*. O también nos enfocamos en las características y ventajas de nuestro producto sobre la competencia: *"Mi producto es 5 veces más rápido que el producto de la otra marca"*.

Los Magnates de las Ventas como tú y como yo reconocemos que el cliente solo quiere una cosa: RESOLVER SU PROBLEMA. El cliente siempre tiene algún "Dolor" o problema. A veces, este "dolor" es muy evidente y podemos reconocerlo inmediatamente. A veces no es tan evidente y debemos hacer preguntas e investigar para descubrirlo. Pero lo más importante es enfocarnos en este problema o "Dolor". La próxima vez que estés con tu cliente te pido recordar lo siguiente: "Me olvido de mis PRO y me enfoco en su PRO". Es decir, me olvido de mi PROmoción, me olvido de mi PROducto y me enfoco en su PROblema.

¿Les ha ocurrido alguna vez la siguiente situación?

Te levantas una mañana y tienes dolor de cabeza. Llamas a la farmacia a solicitar una entrega a domicilio de pastillas para el dolor de cabeza y obtienes una de las siguientes respuestas:

- **Pedro:** *Sí, señora. Enseguida le envío sus pastillas. Y quisiera ofrecerle nuestra promoción de la semana: crema dental blanqueadora.*

Mi primera reacción es pensar: "A mí no me importa la crema blanqueadora. ¡Tengo dolor de cabeza!". Ahora vamos a ver cómo lo hace María.

- **María:** *Sí, señora. Enseguida le envío sus pastillas. Si su problema es dolor de cabeza, tenemos también una crema para aplicarse en la frente que ayuda a aliviar el dolor de* *cabeza junto con las pastillas. ¿Le gustaría que le envíe también esta crema?*

El secreto de Maria fue enfocarse en el PRoblema de su cliente: el dolor de cabeza.

Ahora, mi querido Magnate de las Ventas, te pido que hagas una pausa en este momento y repitas en tu mente: *De ahora en adelante, me enfoco en descubrir y solucionar el PRoblema de mi cliente, en aliviar y ayudarlo con su "Dolor".*

**Claves para Descubrir el PRoblema de tu Cliente**

No existe una fórmula secreta ni una receta con pasos para descubrir el "Dolor" o PRoblema de tu cliente. Te compartiré tres claves para encontrar el PRoblema o dolor de tu cliente.

- **Ponte en los zapatos de tu Cliente:** Si fueras tú quien estuviera en esa situación, ¿cómo te gustaría ser tratado? ¿Cómo percibirías el problema? ¿Cuál sería la mejor solución? Haz el ejercicio consciente de entender de corazón a tu cliente. Mira su situación actual desde todos los ángulos. Trata de entenderlo.
- **Activa todos tus Sentidos**: Debes ver "más allá de lo evidente". Intenta observar con atención aquellas cosas que le incomodan a tu cliente. Escucha el tono de su voz y las palabras que te dice.
- **Pregunta:** Consulta directamente a tu cliente con preguntas abiertas. Genera una relación de confianza con tu cliente a través de preguntas que buscan con sinceridad resolver su problema.

**La Raíz de las Oportunidades**

El PROblema o "Dolor" de tu cliente es la raíz para generar tu Mapa de Oportunidades. Cuando estás totalmente enfocado en resolver los problemas de tu cliente, vas a construir tu Mapa de Oportunidades. Este concepto lo refuerzan todos los Magnates de las Ventas, quienes siempre se enfoca en descubrir "el Dolor" del cliente para encontrar oportunidades.

CAPÍTULO 7

## EL MAPA DE OPORTUNIDADES PARA LEVANTAR TUS VENTAS EN GRANDE

"*La magia se encuentra fuera de tu zona de confort*".

*Anónimo*

"Debes mantener lleno tu mapa de oportunidades. Debes tener más clientes y negocios nuevos de los que tienes tiempo para atender".

"Concéntrate en buscar nuevas oportunidades, cultívalas y cuídalas: las ventas llegarán por sí mismas".

*Brian Tracy – Autor y experto en Ventas*

"No existe un botón de negocios fáciles. Encontrar nuevos negocios es emocionalmente desgastante, pero es el precio que debes pagar para ganar en ventas".

*Jeb Blount – Autor y experto en Ventas*

"El secreto para encontrar nuevos negocios: busca la persona que tiene el problema".

*Benjamin M. Friedman – Profesor de Economía y Política*

Imagina que una mañana te levantas con un fuerte dolor de estómago. Esta es tu señal de alerta. Decides ir al hospital, donde te hacen varios exámenes para entender tu situación. Ya tienes tu diagnóstico. Luego, el doctor te formula una receta con remedios, pastillas y recomendaciones. Para sanarte necesitas esta receta.

Para los Magnates de las Ventas como tú, la receta para levantar sus ventas es el Mapa de Oportunidades. Es la guía que les muestra dónde pueden obtener nuevos negocios.

En este capítulo vamos a construir juntos tu Mapa de Oportunidades, el cual será tu guía para empezar a Levantar tus Ventas en Grande.

Antes de iniciar, debes saber que el Mapa de Oportunidades es como un ser vivo: debes revisarlo y alimentarlo a diario. Más adelante te mostraré cómo se alimenta y se cuida.

**¿Qué es una Oportunidad? ¿Cuáles son los tipos de Clientes?**

Imagina que eres vendedor de productos de la marca Apple. Dentro de tu portafolio tienes los siguientes productos:

- *Teléfono Celular* **iPhone**
- *Tableta* **iPad**
- *Reloj de mano* **iWatch**
- *Computador portátil* **Macbook**
- *Sistema de televisión* **Apple TV**

Estos son los productos que vendes, y reconoces que hay dos tipos de clientes:

**Cliente 1: Tatiana** – No tiene ningún producto de la marca Apple. Tiene un teléfono inteligente de una marca china, pero no está contenta.

***Oportunidades:***

- Puedes ayudarla a resolver su problema con el teléfono celular *iPhone*. Sin embargo, Tatiana no conoce la marca Apple. Entonces el proceso puede ser más largo.
- Además tienes 4 productos adicionales en tu portafolio que pueden ayudar a Tatiana a resolver otros problemas.

***Tipo de Cliente:*** Tatiana no tiene ningún producto de tu marca. Por lo tanto, la definiremos como *Cliente Potencial*.

<u>**Cliente 2: Luisa**</u> – Tiene solo un producto de la marca Apple, un teléfono celular *iPhone*. Le gustaría tener una tableta digital para su nuevo trabajo como periodista.

***Oportunidades:***

- Puedes ayudarla a resolver su problema con la tableta *iPad*. Luisa ya conoce la marca Apple, tu proceso de venta puede ser más sencillo.
- Además tienes 3 productos más en tu portafolio que le pueden ayudar a resolver problemas a Luisa.

***Tipo de Cliente:*** Luisa tiene un producto de tu marca. La definiremos como *Cliente Actual*

**Elementos de una Oportunidad**

Una oportunidad es la suma de dos elementos:

1. Un problema que tiene un cliente
2. Tu producto o servicio que le ayudará a resolver ese problema

**Tipos de Clientes**

Existen dos tipos de clientes: los *Clientes Actuales* ya tienen alguno de tus productos, es decir que ya conocen tu marca. En el ejemplo anterior, sería Luisa. Ya conoce uno o varios de tus productos o servicios. Por otro lado, tenemos los *Clientes Potenciales,* que son aquellos que no tienen ningún producto o servicio de tu portafolio.

Como puedes sospechar, es más fácil aumentar tus ventas en un cliente actual, pues ya tienes una relación comercial y además ya conoce tus productos o tus servicios. Sin embargo, para Levantar tus Ventas en Grande, vas a tener que construir el Mapa de Oportunidades incluyendo los dos tipos de clientes.

**¿Que es una Oportunidad?**

En una sola frase: "Es la posibilidad de ayudar a un cliente a resolver un problema con alguno de tus productos o servicios". Esa posibilidad se verá traducida en una venta cuando hayas ayudado a tu cliente.

Vamos adelante con el ejemplo anterior.

*Tatiana* tiene un teléfono inteligente de una marca china, pero no está contenta.

*Oportunidad*: Tienes la posibilidad de ayudarla a resolver su problema con un producto de tu portafolio, el teléfono inteligente *iPhone*.

Ahora vamos con Luisa:

*Luisa* siente que una tableta le puede ayudar en su trabajo actual de periodista.

*Oportunidad*: Tienes la posibilidad de ayudarla a mejorar su desempeño en su trabajo como periodista con tu tableta *iPad*. Además, la tableta *iPad* es compatible con el teléfono inteligente que tiene Luisa, es decir un *iPhone*.

## 5 Elementos de una Oportunidad

Mi Magnate de las Ventas, en este punto ya sabes exactamente lo que significa una Oportunidad. Sabes identificarla y documentarla. Ahora vamos a definir los 5 elementos de una oportunidad. Con estos elementos básicos podrás construir tus oportunidades:

1. **Nombre del cliente:** ¿Quién es tu cliente?
2. **Producto:** ¿Cuál es el producto que ayudará a tu cliente a resolver su problema?
3. **Fecha de cierre:** Es la fecha en la que estimas que tendrás la orden de compra o el contrato firmado. A veces es difícil estimar esta fecha; sin embargo, debes definirla pues te ayudará a organizar tus acciones. Si no defines un límite, no te enfocarás en la acción para obtener la venta.
4. **Valor de la Oportunidad:** Es el valor de la venta. ¿Cuánto vas a traer en ventas con este negocio?
5. **Probabilidad:** Responde a la siguiente pregunta: ¿Qué tan probable es que pueda obtener este negocio? Si has realizado todo tu trabajo y preparación con disciplina, la probabilidad aumenta. Por otro lado, si tu cliente, por ejemplo, firmó un contrato recientemente con tu competidor, la probabilidad es más baja. Sin embargo, recuerda: *Nunca existe probabilidad cero 0% de ganar un negocio... Y nunca existe probabilidad 100% de ganar un negocio.* Siempre puedes ganar. Pero también siempre puedes perder el negocio. Por lo tanto, debes cuidar tu negocio hasta el final.

Vamos a construir las oportunidades de Tatiana

1. **Nombre del Cliente:** Tatiana
2. **Producto:** Teléfono inteligente iPhone 8. Tatiana actualmente tiene un teléfono inteligente de una marca china, pero no está satisfecha con su desempeño.
3. **Fecha de Cierre:** En 10 días a partir de hoy.
4. **Valor de la Oportunidad:** 300 dólares.
5. **Probabilidad:** 70%. Tatiana ha escuchado comentarios positivos de sus amigos acerca del desempeño del teléfono inteligente iPhone 8; sin embargo, no conoce ningún producto de la marca Apple y también siente que el precio es alto en comparación con otros productos que está evaluando.

***Otras Oportunidades:*** Tenemos varios productos en nuestro portafolio. Por lo tanto, tenemos oportunidades para la tableta iPad, el reloj de mano iWatch, el computador portátil Macbook y el sistema de televisión Apple TV.

***Ver más allá de lo Evidente:*** Aparentemente, con Tatiana solo tendríamos una oportunidad, es decir la oportunidad del teléfono inteligente iPhone. Sin embargo, cuando investiguemos más profundamente a Tatiana, podremos detectar más necesidades o problemas que le podemos ayudar a resolver con los demás productos de nuestro portafolio. Inclusive si la probabilidad de venta es baja, siempre debes escribir las oportunidades. ¡Siempre! Vas a reconocer la importancia de escribir todas las oportunidades en el momento de construir nuestro Mapa de Oportunidades.

Vamos a construir las oportunidades de Luisa

- **Nombre del Cliente:** Luisa
- **Producto:** Tableta iPad. Luisa cree que, en su trabajo como periodista, la tableta iPad le ayudará a tomar notas y hacer entrevistas más efectivas.

- **Fecha de Cierre:** En 5 días a partir de hoy.
- **Valor de la Oportunidad:** 500 dólares.
- **Probabilidad:** 90%. Luisa ya conoce los productos de la marca Apple y está muy satisfecha con estos productos.

***Otras Oportunidades:*** En este momento, Luisa ya tiene el teléfono inteligente iPhone y está interesada en la tableta iPad. Tenemos las siguientes oportunidades con Luisa: última versión del teléfono inteligente iPhone 10, sistema de televisión AppleTV, reloj de mano iWatch y finalmente el computador portátil MacBook.

**El Mapa de Oportunidades**

El Mapa de Oportunidades es el lugar donde escribes detalladamente todas las oportunidades que has detectado. Voy a hacer énfasis en la palabra "Escribir". Cuando escribes, se activan varios de tus sentidos y tu cerebro se conecta con estas oportunidades.

¿Cuáles oportunidades debes escribir? ¡TODAS! Inclusive las oportunidades que parecen más lejanas. ¿Por qué? Porque toda oportunidad tiene una posibilidad de convertirse en venta.

Es fundamental: *Escribir todas las Oportunidades, como vimos en el ejemplo anterior.*

Veamos otro ejemplo:

Has planeado una visita a Luisa. Vas a realizar tu visita investigando y preguntando como lo hacemos los Magnates de las Ventas. Después de tu visita de investigación, descubriste que tienes oportunidad de ayudar a Luisa con todo tu portafolio. Luisa tiene las siguientes necesidades:

- Requiere urgente una tableta iPad para su trabajo. Estimas una alta probabilidad del 90% y una fecha de cierre de 5 días.
- Le gustaría cambiar su teléfono por el último iPhone 10.

Sin embargo, debe esperar al menos un año para finalizar un crédito. Estimas una fecha de cierre de 360 días y una probabilidad del 40%.

- Hace unos días conoció el sistema Apple TV en la casa de su hermano. Estaba emocionada con ese sistema. Va a cancelar su sistema de televisión por cable en 30 días para comprar un sistema Apple TV. Estimas una fecha de cierre de 30 días con una probabilidad del 80%.
- Luisa te comentó que empezó a hacer ejercicio físico hace dos semanas. Si continúa con este hábito del ejercicio, le gustaría adquirir todo el equipo para ejercitarse. Le presentaste las ventajas de tu reloj iWatch y ella se mostró interesada. En esta oportunidad decides ser más conservador, pues Luisa ha renunciado varias veces al hábito de hacer ejercicio. Estimas 180 días para el cierre y una probabilidad 40%
- Finalmente, Luisa te cuenta que le gustaría comprar un computador nuevo, pero debe esperar al menos dos años para terminar de pagar su computador actual. Sin embargo, el costo de tu computador portátil MacBook le parece alto. Decides que esta oportunidad es posible en 720 días (el equivalente a dos años) pero con una probabilidad de apenas 20%.

| Nombre del Cliente | Producto | Fecha de Cierre | Valor | Probabilidad |
|---|---|---|---|---|
| Luisa | Tableta iPad | 5 días | 500 | 90% |
| | Telefono iPhone 10 | 360 días | 600 | 40% |
| | Sistema Apple TV | 30 días | 200 | 80% |
| | Reloj iWatch | 180 días | 300 | 40% |
| | Computador MacBook | 720 días | 2000 | 20% |

*Mapa de Oportunidades de tu cliente Luisa*

¡Felicitaciones! Acabas de construir tu Mapa de Oportunidades como los Magnates de las Ventas para Luisa... A partir de una oportunidad de $500, ya tienes oportunidades por $3.600. Las has multiplicado por más de 7 veces.

Observa lo poderosa que puede ser la construcción del Mapa de Oportunidades.

Ahora estás listo para construir tu Mapa de Oportunidades para todos tus clientes.

¿Cuál es el punto de partida? Tu Diagnóstico. Tienes la radiografía completa de todos tus clientes, entiendes la situación de cada uno de ellos. Esto te permitirá crear tu Mapa de Oportunidades para cada cliente.

**¿Cuál es el siguiente paso?**

Antes de ir a nuestro plan de acción, debes construir el Mapa de Oportunidades para tus Clientes Potenciales. Revisa todos los clientes de tu competencia y construye tu mapa de oportunidades para los Clientes Potenciales o clientes nuevos. Hazte la siguiente pregunta: ¿Cuál será la fuente de mis nuevos negocios para Levantar mis Ventas en Grande?

Existen dos fuentes:

- *Primera Fuente*: Las oportunidades que tienes en tus Clientes Actuales. Es decir, aumentar la presencia de tu portafolio en los clientes que ya utilizan tus productos.
- *Segunda Fuente*: Las oportunidades que puedo capitalizar de los Clientes Potenciales, aquellos que no utilizan ninguno de mis productos.

En la primera fuente, tienes más probabilidades de alcanzar negocios en el corto plazo. La segunda fuente puede traer mucho dinero. Sin embargo, el esfuerzo y el tiempo necesarios son más altos. En un capítulo posterior vas a conocer los secretos para priorizar las oportunidades y las acciones.

Llegó la hora de actuar... ¿Estás listo? ¿Estás lista?

¡Vamos adelante, a Levantar tus Ventas en Grande!

## CAPÍTULO 8
# EL PLAN DE ACCIÓN PARA CADA OPORTUNIDAD

"*Un plan sin acción no es un plan: Es solo un discurso*".

*T. Boone Pickens – Magnate e inversionista estadounidense*

"UNA META *sin un plan de acción es simplemente estar soñando despierto*".

*Nathaniel Branden – Psicoterapeuta canadiense-estadounidense*

"*La planeación sin acción es Inútil; la acción sin planeación es Fatal*"

*Pablo Picasso – Pintor y artista español*

Después de muchos años ahorrando su salario, un hombre llamado Manuel compró una finca en una tierra lejana. La finca tenía un terreno enorme. Al firmar los documentos, Manuel se enteró de un secreto increíble. En ese gran terreno había un tesoro enterrado. Un grupo de indígenas lo había enterrado, pero nadie sabía la ubicación exacta. Manuel buscó durante toda su vida en ese terreno, pero nunca encontró el tesoro. Además, le daba mucho temor que alguien supiera de este tesoro y se lo robara. Por eso, nunca compartió su secreto con nadie.

Finalmente, Manuel murió y su secreto se fue con él. Al llegar a la finca, sus hijos encontraron en un cajón una vieja hoja de papel con unas instrucciones. Siguieron las instrucciones de esta hoja de papel, excavaron y encontraron un gran tesoro.

¿Qué le faltó a Manuel para encontrar su tesoro? ¡Buscar las instrucciones!

Mi Magnate de las Ventas: en nuestro caso, el tesoro son las oportunidades que ya definimos. Nuestras instrucciones serán los planes de acción que vamos a definir juntos en este capítulo.

En este momento has descubierto grandes oportunidades en tus clientes actuales y potenciales. También has construido tu Mapa de Oportunidades. Sabes que los tesoros están en cada una de las oportunidades. Llegó el momento de construir nuestra hoja de instrucciones: El Plan de Acción para cada oportunidad.

**¿Qué se requiere para que una Oportunidad se convierta en una Venta Real?**

Esta pregunta es el secreto. Debes sentarte y visualizar claramente los pasos que debes recorrer para que una oportunidad se convierta en realidad.

Suena simple, pero requiere que dediques un tiempo de planeación y reflexión.

Antes de ir con un ejemplo comercial, vamos con un ejemplo de tu día a día. Tu objetivo: una cena romántica en tu casa para la persona que amas.

¿Qué se requiere para que esta cena sea una realidad y se convierta en un momento perfecto y memorable?

1. Elegir del día y la hora: esto determinará el tiempo que tienes para realizar cada una de las siguientes acciones.
2. Elegir el menú que vas a preparar: ¿Cuál será la entrada? ¿Cuál será el plato fuerte? ¿Cuál será el postre?
3. Buscar la mejor receta para cada uno de los platos que vas a preparar.
4. Realizar una lista de ingredientes para la comida.
5. ¿Vas a comprar algún vino especial? Elegir este vino.
6. Imaginar cómo te gustaría que fuera el ambiente de la cena: a media luz con velas, la música de fondo... ¡y hasta lo imaginas con olores especiales como incienso!
7. Ahora nos vamos de compras: ir al supermercado a comprar todos los ingredientes.
8. Empezar a cocinar con la mejor energía y esperando que la cena sea memorable.
9. Ya tienes todo listo. Ahora vas a la ducha y te vistes con tu mejor ropa y tu mejor perfume.
10. Llega a tu casa la persona especial y todo listo. ¡A disfrutar!

Acabas de crear tu hoja de instrucciones para un momento especial. Resumimos en 10 pasos lo que debes hacer para convertirlo en realidad.

Veamos un ejemplo de María, nuestra Magnate de las Ventas.

*María es una vendedora profesional de seguros. Su área de mayor fortaleza son los seguros para empresas constructoras. Sabe que su portafolio de seguros es perfecto para la constructora ACME, la más conocida de su ciudad.*

*María ha construido su Mapa de Oportunidades y reconoce que debe crear el Plan de Acción para la Oportunidad de la constructora ACME. Este es el plan que María define:*

1. *Hacer una investigación de la constructora ACME incluyendo: lista de contactos clave, mapa organizacional,*

tomadores de decisiones, lista de proyectos actuales de construcción, nombre de la compañía que actualmente administra el portafolio de seguros.
2. Con el listado de los contactos clave, Maria define cuál será el primer contacto que debe llamar para solicitar una primera cita.
3. Define que realizará el primer contacto el próximo martes.
4. Solicitará una cita de diagnóstico con el fin de evaluar las pólizas de seguro actuales y potenciales ahorros de estas pólizas.
5. Preparará una propuesta de valor con las pólizas de su compañía y el diagnóstico realizado. La promesa de valor para la constructora ACME es que María traerá nuevas opciones de pólizas de seguro que les permitirá tener las mejores coberturas con ahorros potenciales.
6. Solicitará una nueva cita para presentar el análisis realizado y la propuesta de valor.
7. Recibirá la retroalimentación de la persona de contacto en la constructora ACME para ajustar su propuesta y presentarla a la alta gerencia.
8. Ahora María utilizará su imaginación para generar una presentación de alto impacto a la alta gerencia.
9. Llega el día más importante: la presentación a la alta gerencia. María recibe la retroalimentación y busca generar un compromiso.
10. Finalmente prepara los contratos para su firma… ¡Ha ganado el negocio!
11. María va a celebrar su triunfo y continuará buscando nuevas oportunidades.

Los Magnates de las Ventas como María reconocen que deben ser flexibles. Su plan puede modificarse, pero siempre persistir en su objetivo. Y lo más importante: debe actuar.

Antes de continuar, por favor haz una pausa. Piensa en tu oportunidad más importante. Toma una hoja de papel y escribe cuales serían los pasos para convertir esa oportunidad en una realidad.

**Objetivos Poderosos para Resultados Extraordinarios**

Mi mayor frustración es observar vendedores que se conforman con resultados mediocres de sus visitas de ventas. Y, después de investigar y reflexionar acerca de las causas de estas visitas de ventas mediocres, encontré que la principal raíz es la falta de objetivos poderosos establecidos antes de la visita de ventas.

Veamos un ejemplo de una entrevista con Pedro:

*Miguel:* ¿*Cuál es el objetivo de esta visita de ventas?*

*Pedro:* *Hacer relacionamiento con mi cliente.*

*Miguel:* ¿*A que te refieres? Explícame más, por favor.*

*Pedro:* *Ya sabes, generar una buena impresión en mi cliente.*

*Miguel:* ¿*Y tienes otros objetivos adicionales? ¿Cuáles?*

*Pedro:* *Claro. Voy a obtener información del cliente.*

Al finalizar la visita....

*Miguel:* *Cuéntame, por favor, cómo te fue en la visita a tu cliente.*

*Pedro:* *Me fue excelente.*

*Miguel:* ¿*Por qué te fue excelente?*

*Pedro:* *El cliente me dijo que le había encantado mi presentación.*

*Miguel:* *Y entonces, ¿qué vas a hacer ahora?*

*Pedro:* *El cliente me dijo que lo llamara en un par de meses para coordinar otra reunión con algunas personas de su equipo.*

El problema principal es que Pedro no reconoce que su cliente simplemente estaba siendo amable. Pero Pedro no obtuvo ningún compromiso de acción que lo acercara a su venta.

. . .

Ahora veamos un caso similar con María, nuestra Magnate de las Ventas.

**Miguel:** ¿*Cuál es el objetivo de esta visita de ventas?*

**Maria:** *Voy a buscar una cita para que el ingeniero de Producción visite nuestra planta.*

**Miguel:** ¿*A que te refieres? Explícame más, por favor.*

**Maria:** *Ya sabes, si consigo que el ingeniero visite nuestra planta, va a reunirse con nuestros expertos y va a conocer de primera mano nuestros sistemas de calidad. Así vamos a avanzar en la venta de nuestra maquinaria de producción.*

**Miguel:** ¿*Y tienes otros objetivos adicionales? ¿Cuáles?*

**Maria:** *Claro. Voy a solicitar una presentación de nuestra maquinaria con el presidente de la empresa.*

Al finalizar la visita....

**Miguel:** *Cuéntame, por favor, cómo te fue en la visita a tu cliente.*

**Maria:** *Bien y Mal*

**Miguel:** ¿*Por qué te fue Bien y Mal?*

**Maria:** *Porque, debido a una reestructuración interna, no será posible que el ingeniero de Producción visite nuestra planta, y tampoco me podré reunir con el presidente de la empresa la próxima semana.*

**Miguel:** *Y entonces, ¿por qué te fue bien?*

**Maria:** *Porque durante la conversación descubrí que están preparando una licitación para la maquinaria de su nueva fábrica en Panamá. Entonces contacté al ingeniero encargado de las especificaciones de maquinaria de esa nueva fábrica y tenemos una reunión el próximo martes a las 2:00 p.m. para definir juntos las especificaciones que serán solicitadas en la licitación. Después de definir estas especificaciones, la probabilidad de ganar esta venta es muy alta. Esta venta es inclusive mucho más alta que la venta inicial de mi visita.*

Claramente vemos que María estaba enfocada en encontrar pasos que la acercaran a su venta. Iba con un objetivo definido, pero logró transformarlo en otro objetivo poderoso con compromisos de acción concretos por parte de su cliente.

Los Magnates de las Ventas como tú y como yo reconocemos la importancia de crear objetivos concretos que nos acercan a la venta. No permitimos que una visita de ventas termine sin un compromiso completo.

**Preguntas inteligentes**

La base del éxito de los Magnates de las Ventas es la calidad de sus preguntas. Se preparan con disciplina para realizar las mejores preguntas que los acerquen a realizar la venta, descubriendo los problemas y los dolores del cliente.

Los clientes tienen dos tipos de necesidades: *Necesidades Objetivas y Necesidades Subjetivas*. La clave para descubrir cada una de estas necesidades está en la preparación de las preguntas.

Veamos un ejemplo:

### *Necesidades Objetivas:*

- "Necesitamos renovar todo el sistema de cajas registradoras del supermercado".
- "Vamos a adquirir un aire acondicionado requerido por las autoridades de salud de la ciudad".
- "Requerimos un seguro especial para garantizar la aprobación del crédito por parte del banco".

Las Necesidades Objetivas son declaradas de manera directa por el cliente.

Sin embargo, el segundo tipo de necesidades, las *Necesidades Subjetivas*, no son declaradas de manera directa, pero pueden ser la semilla para acercarnos a la venta.

### *Necesidades Subjetivas:*

- "Últimamente, las cajas registradoras han estado fallando. El técnico ya hizo los mantenimientos, pero los problemas han persistido".
- "Desde que inició el verano, nuestros empleados se han visto agotados por las altas temperaturas en la nueva oficina".
- "Hemos estado averiguando acerca de los créditos y encontramos que, en caso de solicitar el crédito, podríamos requerir un seguro adicional".

Como puedes ver, en las Necesidades Subjetivas no existe una declaración directa. Sin embargo, se está germinando una semilla para que se cree una Necesidad Objetiva en el futuro.

Los Magnates de las Ventas como tú y como yo aprendemos a estar atentos para detectar estas Necesidades Subjetivas, y además generamos preguntas que nos permitan revelarlas en profundidad. Vamos a continuar con nuestro ejemplo.

**Cliente:** *Últimamente, las cajas registradoras han estado fallando. El técnico ya hizo los mantenimientos, pero los problemas han persistido.*

**María:** *¿Qué tipo de inconvenientes han sentido los clientes con las fallas de las cajas registradoras? A usted, como líder comercial del supermercado, ¿cuáles consecuencias de estas fallas le pueden traer para lograr la meta de ventas del mes? ¿Cuáles considera que pueden ser las opciones para evitar este tipo de inconvenientes? ¿Considera que podemos realizar pruebas con nuestros sistemas de máquinas registradoras antes de que la situación se vuelva crítica?*

Ahora me preguntarás: "Miguel, entonces, ¿qué debo hacer como parte de mi Plan de Acción?".

Las tareas son las siguientes:

- Destinar un tiempo para analizar a tus clientes, recordar las últimas visitas y las últimas conversaciones para

detectar Necesidades Subjetivas de problemas que pueden estar enfrentando.
- Preparar preguntas inteligentes con respecto a las Necesidades Objetivas. El secreto es que lo realices de manera natural y fluida, con un solo objetivo en tu mente: ayudar a tu cliente.
- Estar atento, prestar atención, escuchar y observar para detectar nuevas Necesidades Subjetivas... Después de detectarlas, actuar con las preguntas inteligentes.

Ahora vamos a continuar con el último paso para finalizar nuestros Planes de Acción para cada una de las oportunidades.

Vamos a construir una herramienta para moldear tu disciplina y garantizar que conviertas los planes en acciones concretas.

¿Estás listo? Vamos adelante.

## Bitácora de Disciplina y Seguimiento

La llave secreta de los Magnates de las Ventas es su disciplina. Para desarrollar la disciplina, utilizan herramientas que les permiten realizar una autoevaluación constante de sus proyectos y registrar cómo avanzan en cada uno de ellos.

Si me preguntas en un ascensor: "Miguel, ¿qué es la Bitácora de Disciplina y Seguimiento?". Mi respuesta rápida sería:

*"La Bitácora de Disciplina y Seguimiento es un cuadro de control donde defines las acciones por semana para cada una de tus oportunidades y realizas una autoevaluación crítica de tu avance al final de la semana para definir una nueva acción".*

Cuando hayas construido la Bitácora de Disciplina y Seguimiento, debes revisarla DIARIAMENTE, y además reservar un espacio los viernes para revisar tus acciones de la semana que has terminado y definir nuevas acciones la siguiente semana.

Veamos un ejemplo:

María ha detectado una oportunidad de venta de su sistema de cajas registradoras en el supermercado más importante de la ciudad. Actualmente están experimentando problemas con el antiguo sistema que tienen y les está generando retrasos. María va a construir su bitácora.

**Nombre de la Oportunidad:** *Renovación del sistema de cajas registradoras del Supermercado Mayor*

**Personas Clave:**

- **Gerente Comercial**: Su principal indicador son los resultados en ventas. Actualmente las fallas en el sistema están afectando los resultados comerciales, pues los clientes deciden irse y las visitas al supermercado han disminuido por causa de estas fallas. Es un contacto clave, pues le ayudará a Maria a influenciar a las demás personas clave dentro del Supermercado Mayor.
- **Gerente de Tecnología**: Se considera el responsable de garantizar que todos los sistemas del Supermercado Mayor están funcionando correctamente. Actualmente se encuentra estresado y preocupado. Inclusive teme que le puedan despedir por causa de las fallas recurrentes. Es el principal tomador de decisiones para realizar el cambio del sistema de cajas registradoras. María reconoce que debe tener mucho cuidado y tacto en cada una de sus llamadas e interacciones de ventas.
- **Gerente de Compras:** Es el encargado de realizar la gestión de compra y contratación con proveedores. Debe solicitar varias propuestas y cotizaciones para comparar múltiples proveedores. Aunque desconoce los aspectos técnicos del sistema de cajas registradoras, es la persona que finalmente tomará la decisión de compra y contrato con el proveedor seleccionado. Su tarea es seleccionar y

contratar al mejor proveedor basándose en el precio y en la evaluación del Gerente Comercial y del Gerente de Tecnología. Maria ha identificado la necesidad de preparar una propuesta del proyecto que sea clara, concisa y fácil de entender por parte del Gerente de Compras. Adicionalmente, María sabe que el Gerente Comercial y el Gerente de Tecnología le brindarán retroalimentación para realizar la mejor propuesta de acuerdo a todas las necesidades del Supermercado Mayor.

### *Tareas Clave:*

**Construcción de Análisis y Propuesta**: María ha investigado al Supermercado Mayor y ha identificado la oportunidad de realizar la venta del sistema de cajas registradoras. La tarea principal para María es construir un análisis completo de la situación actual, los problemas, desafíos y resultados esperados. Basándose en este análisis, María podrá construir su propuesta.

María, nuestra Magnate de las Ventas, ya puede construir la estructura de su Bitácora de Disciplina y Seguimiento. La estructura básica es esta:

| PERSONA CLAVE | ACCIÓN PARA LA SEMANA 1 | RESULTADOS SEMANA 1 | ACCIÓN PARA LA SEMANA 2 | RESULTADOS SEMANA 2 | ACCIÓN PARA LA SEMANA 3 | RESULTADOS SEMANA 3 |
|---|---|---|---|---|---|---|
| GERENTE COMERCIAL | | | | | | |
| GERENTE DE TECNOLOGÍA | | | | | | |
| GERENTE DE COMPRAS | | | | | | |
| CONSTRUCCIÓN Y ANALISIS DE LA PROPUESTA | | | | | | |

*Estructura inicial de la Bitácora de Disciplina y Seguimiento*

### *Acciones a tomar en la semana 1:*

En este momento, María ya ha definido los principales actores dentro del Supermercado Mayor que le ayudarán a construir el camino para alcanzar la venta de su sistema de máquinas registradoras.

Ahora, María hace una descripción completa de las acciones que debe tomar:

1. Reunirme con el Gerente Comercial para entender los impactos en las ventas y satisfacción de los clientes, provocados por las actuales fallas del sistema.
2. Reunirme con el Gerente de Tecnología para comprender los impactos financieros directos de las fallas y los costos de reparaciones.
3. Realizar un informe completo con los hallazgos y construir una propuesta de renovación tecnológica.
4. Reunirme con el Gerente de Compras para presentar la propuesta: debo construir la propuesta en paralelo mientras consigo la cita para esta reunión.
5. Construir acciones adicionales basadas en la retroalimentación de los gerentes con los cuales me he reunido y la propuesta realizada.

Al finalizar la semana, María revisa las acciones y los resultados de cada una de ellas. Los resultados que obtuvo durante la semana fueron:

- ***Gerente Comercial:*** Reunión exitosa. Primeros datos recibidos para realizar el análisis y construir la propuesta.
- ***Gerente de Tecnología:*** Estaba enfermo. No atendió a vendedores durante la semana. Debo apresurarme a solicitar una cita para la semana próxima.
- ***Gerente de Compras:*** Ya solicité la cita. Se encuentra de vacaciones. Regresa en dos semanas.
- ***Construcción de Análisis y Propuesta:*** Primeros

datos adquiridos durante la reunión con el Gerente Comercial.

Así se ve ahora la Bitácora de Disciplina y Seguimiento después de registrar los resultados de la primera semana:

| PERSONA CLAVE | ACCIÓN PARA LA SEMANA 1 | RESULTADOS SEMANA 1 | ACCIÓN PARA LA SEMANA 2 | RESULTADOS SEMANA 2 | ACCIÓN PARA LA SEMANA 3 | RESULTADOS SEMANA 3 |
|---|---|---|---|---|---|---|
| GERENTE COMERCIAL | Buscar reunión para entender los impactos en las ventas y satisfacción de los clientes, provocados por las actuales fallas del sistema. | Reunión Exitosa. Primeros datos recibidos | | | | |
| GERENTE DE TECNOLOGÍA | Definir reunión para comprender los impactos financieros directos de las fallas y los costos de reparaciones. | Estaba enfermo. No atendió vendedores esta semana | | | | |
| GERENTE DE COMPRAS | Buscar una reunión para la presentación de la Propuesta (Cuando esté totalmente construida) | Ya solicité la cita. Se encuentra de vacaciones. Regresa en 2 semanas | | | | |
| CONSTRUCCIÓN Y ANALISIS DE LA PROPUESTA | Realizar un informe completo con los hallazgos y construir una propuesta de renovación tecnológica | Primeros datos adquiridos para realizar el análisis | | | | |

*Semana 1: Bitácora de Disciplina y Seguimiento*

Es hora de que María planee las acciones de la segunda semana. El momento para hacerlo es el jueves o el viernes. De esta manera, cuando llega el lunes, ya tenemos claridad de las acciones que debemos tomar en la nueva semana.

**Acciones a tomar en la semana 2:**

1. Solicitar al Gerente Comercial una entrevista con dos coordinadores de ventas para obtener más información del impacto en las ventas y la percepción de los clientes.

Estos datos serán vitales para la construcción de la propuesta.
2. Solicitar cita para el martes con el Gerente de Tecnología, pues se encontraba enfermo esta semana.
3. Confirmar la cita con la secretaria, pues la agenda del Gerente de Compras es muy ocupada y podemos perder la cita.
4. Iniciar la construcción del análisis con datos iniciales obtenidos durante la semana.
5. Ahora, la Bitácora de Disciplina y Seguimiento de María se ve así:

| PERSONA CLAVE | ACCIÓN PARA LA SEMANA 1 | RESULTADOS SEMANA 1 | ACCIÓN PARA LA SEMANA 2 | RESULTADOS SEMANA 2 | ACCIÓN PARA LA SEMANA 3 | RESULTADOS SEMANA 3 |
|---|---|---|---|---|---|---|
| GERENTE COMERCIAL | Buscar reunión para entender los impactos en las ventas y satisfacción de los clientes, provocados por las actuales fallas del sistema. | Reunión Exitosa. Primeros datos recibidos | Solicitar al gerente comercial una entrevista con 2 coordinadores de ventas para obtener mas información | | | |
| GERENTE DE TECNOLOGÍA | Definir reunión para comprender los impactos financieros directos de las fallas y los costos de reparaciones. | Estaba enfermo. No atendió vendedores esta semana | Solicitar cita Para el Martes | | | |
| GERENTE DE COMPRAS | Buscar una reunión para la presentación de la Propuesta (Cuando esté totalmente construida) | Ya solicité la cita. Se encuentra de vacaciones. Regresa en 2 semanas | Confirmar la cita con la Secretaria | | | |
| CONSTRUCCIÓN Y ANÁLISIS DE LA PROPUESTA | Realizar un informe completo con los hallazgos y construir una propuesta de renovación tecnológica | Primeros datos adquiridos para realizar el análisis | Iniciar la construcción con datos iniciales. | | | |

*Bitácora de Disciplina y Seguimiento con las Acciones a tomar durante la segunda semana.*

María debe continuar con disciplina escribiendo los resultados obtenidos cada semana, y también las acciones que debe tomar en la siguiente semana.

Al final, su Bitácora de Disciplina y Seguimiento estará completa con todas las acciones y resultados, y María tendrá claridad acerca de las acciones que debe tomar.

| PERSONA CLAVE | ACCIÓN PARA LA SEMANA 1 | RESULTADOS SEMANA 1 | ACCIÓN PARA LA SEMANA 2 | RESULTADOS SEMANA 2 | ACCIÓN PARA LA SEMANA 3 | RESULTADOS SEMANA 3 |
|---|---|---|---|---|---|---|
| GERENTE COMERCIAL | Buscar reunión para entender los impactos en las ventas y satisfacción de los clientes, provocados por las actuales fallas del sistema. | Reunión Exitosa. Primeros datos recibidos | Solicitar al gerente comercial una entrevista con 2 coordinadores de ventas para obtener más información | Las nuevas entrevistas me entregaron datos adicionales clave. | Realizar llamada para compartirle los resultados de la reunión con el gerente de compras | Los problemas con el actual sistema han persistido. Debo acelerar mi propuesta. |
| GERENTE DE TECNOLOGÍA | Definir reunión para comprender los impactos financieros directos de las fallas y los costos de reparaciones. | Estaba enfermo. No atendió vendedores esta semana | Solicitar cita Para el Martes | Reunión exitosa: Todos los datos adquiridos. | Realizar llamada para compartirle los resultados de la reunión con el gerente de compras | Retroalimentación positiva de la propuesta |
| GERENTE DE COMPRAS | Buscar una reunión para la presentación de la Propuesta (Cuando esté totalmente construida) | Ya solicité la cita. Se encuentra de vacaciones. Regresa en 2 semanas | Confirmar la cita con la Secretaria | Ok Cita confirmada para el próximo martes | Asistir a la reunión con la preparación completa y definir un siguiente paso para el cierre de la venta | Reunión Exitosa. Solicitó cambios a la propuesta. La presentaremos el viernes a presidencia |
| CONSTRUCCIÓN Y ANÁLISIS DE LA PROPUESTA | Realizar un informe completo con los hallazgos y construir una propuesta de renovación tecnológica | Primeros datos adquiridos para realizar el análisis | Iniciar la construcción con datos iniciales. | Nuevos datos adquiridos. Finalizar el análisis y la propuesta | Revisar la propuesta con mi gerente antes de presentarla al cliente. | Propuesta aprobada por mi gerente |

*Vista completa de la Bitácora de Disciplina y Seguimiento. Incluye los Resultados y las Acciones durante las tres semanas del proceso de ventas de María.*

Antes de finalizar esta sección, quiero repetir el secreto de los Magnates de las Ventas: TOTAL DISCIPLINA. Siempre se toman un tiempo para sentarse y ESCRIBIR los resultados y las acciones tomadas. Al sentarse a escribir se activan varios sentidos y su mente le permite visualizar nuevas ideas. Además, cuando tienen por escrito su Bitácora, les genera en su subconsciente un sentido de compromiso consigo mismos.

**Para continuar Levantando tus Ventas en Grande**

Por favor, haz una pausa en tu lectura. Toma al menos dos oportunidades que hayas identificado en el punto anterior y construye tu

Bitácora de Disciplina y Seguimiento. Piensa en todas las acciones que vas a tomar la próxima semana para acercarte a tu venta.

En el siguiente capítulo vamos a hablar de la priorización, para definir juntos cuáles son las primeras oportunidades en las que debes enfocar tu esfuerzo y dedicación.

Prepárate para continuar Levantando tus Ventas en Grande.

**CAPÍTULO 9**

# PRIORIZACIÓN: ¿CÓMO DEFINO EN QUÉ DEBO ENFOCARME?

"*No es suficiente con estar ocupados: las hormigas están siempre ocupadas. La pregunta es: ¿En qué estoy ocupado?*".

*Henry David Thoreau – Poeta y filósofo estadounidense*

"*Las personas que se enfocan pueden realizar tareas. Las personas que Priorizan hacen las tareas correctas*".

*John Maeda – Diseñador y ejecutivo estadounidense*

"*La clave no es priorizar las tareas de tu agenda. La clave es hacer tu agenda de acuerdo a tus prioridades*".

*Stephen Covey – Autor y conferencista estadounidense*

Alberto es un bombero experimentado, experto y confiable. Es bombero hace más de veinte años. Es famoso en su ciudad por su pasión y compromiso con su trabajo. Sin embargo, cuando estaba iniciando su carrera como bombero, aprendió la importancia de priorizar las tareas.

En su primer año en el Departamento de Bomberos, un domingo recibió una llamada de una tienda de mascotas. Eran las 7 de la mañana y Alberto y sus compañeros se apresuraron a atender la emergencia.

Al llegar, Alberto recordó todo su entrenamiento: debía revisar las conexiones de agua, las mangueras y regaderas, las ventanas y cerrar el perímetro. Efectivamente, Alberto realizó todas estas tareas. Sin embargo, olvidó priorizar su tarea principal: salvar vidas. Dentro de la tienda de mascotas había tres cachorros de pastor alemán. Las llamas estaban muy altas y los perritos ladraban desesperados. Afortunadamente, Alberto escuchó a los cachorros y se apresuró a salvarlos. Todo salió bien y Alberto aprendió una valiosa lección: *"Debes hacer todas tus tareas, pero debes priorizar siempre"*.

Los Magnates de las Ventas como tú y como yo nos enfrentamos al reto de aprender a Priorizar. Después de construir tu Mapa de Oportunidades, sientes el deseo de salir corriendo y ganarte todas esas oportunidades. Sin embargo, para Levantar tus Ventas en Grande debes garantizar un balance entre los resultados en el corto, mediano y largo plazo. Es decir, debes enfocarte en sembrar ventas para el próximo mes, el próximo semestre y hasta el próximo año. Pero debes garantizar que las ventas de hoy, de este mes, el mes que estás viviendo en este momento, alcancen los mejores resultados.

En este capítulo te voy a compartir los conceptos que debes evaluar para definir en cuáles oportunidades debes enfocarte y cuánto tiempo debes dedicar. En resumen, te voy a compartir los secretos para garantizar: la Venta de Hoy, la Venta de Mañana y la Venta del Futuro.

¿Estás listo para priorizar? Vamos adelante.

## ¿Cuáles Oportunidades deben ser tus Prioridades?

Cuando te encuentras en "el Hueco", es decir, en una crisis comercial, lo más importante es empezar a cultivar victorias hoy. Ganar nuevos negocios hoy, inclusive pequeños negocios, por dos razones:

- Te garantizan mejorar tus resultados, obtener nuevas fuentes de ingresos y generar nuevos clientes y negocios.
- Te ayudarán a mejorar tu ánimo. Te sentirás entusiasmado para seguir trayendo nuevas victorias, nuevos éxitos. Vas a creer en ti mismo.

**Señales del cliente**

Tu cliente te estará enviando señales en cada reunión y conversación de ventas. Debes estar muy atento a todas estas señales para determinar si debes o no priorizar esta oportunidad.

Antes de continuar, quiero aclararte que debes trabajar en todas las oportunidades. Sin embargo, debes enfocar tu tiempo y energía en aquellas oportunidades que estamos priorizando.

Las señales del cliente que debes estar buscando son:

- *Problemas objetivos.* Aquellos que el cliente te expresa directamente: "Nos urge actualizar nuestro sistema de facturación. Vamos a iniciar la compra del nuevo sistema el próximo mes".
- *Problemas subjetivos.* Aquellos que el cliente menciona sin expresarlos directamente: "A veces tenemos fallas en el sistema de facturación".
- *Deseo o intención de Acción.* El cliente expresa un deseo pero no un compromiso firme de acción: "Definitivamente nos gustaría eventualmente actualizar nuestro sistema de facturación".
- *Compromiso de Acción.* El cliente expresa un compromiso definido de acción con fecha y acción específica: "El próximo mes abriremos la licitación para la compra de un nuevo sistema de facturación".
- *Urgencia del cliente.* El cliente puede encontrarse en una situación crítica y la urgencia de la compra es muy alta: "Nuestro sistema de facturación colapsó, estamos

perdiendo ventas. Es urgente comprar un nuevo sistema de facturación".

Como Magnate de las Ventas, debes estar atento a percibir todas las señales que te envían los clientes. A partir de estas señales, puedes definir las variables que te permitirán definir en cuáles oportunidades vas a enfocarte.

**Las dos variables clave**

Una de las claves de los Magnates de las Ventas es la agilidad: la capacidad de tomar decisiones correctas con rapidez. Para decidir en cuáles oportunidades debes enfocarte, toma en cuenta dos variables:

- ***Probabilidad de Cierre.*** Tu cliente te estará enviando señales todo el tiempo durante tu conversación de ventas. Debes estar muy atento para determinar la probabilidad verdadera de obtener la venta. Esta variable la calificas con las siguientes frases basado en tu conocimiento del mercado, tu experiencia y tu intuición: "Creo que voy a lograr completar esta venta pues han realizado todas las evaluaciones y la calificación de mi producto ha sido muy positiva. Mis probabilidades de ser el proveedor seleccionado son muy altas."
- ***Tiempo de Cierre.*** Esta variable se puede definir a partir de la siguiente pregunta: "A partir de este momento, ¿cuántos días o semanas voy a tardar para firmar el contrato u obtener la orden de compra de mi cliente?".

Vamos a enfocarnos en las Oportunidades que posean:
Probabilidad de Cierre: Alta.
Tiempo de Cierre: Bajo.
En palabras de un Magnate de las Ventas: *"He realizado mi*

*proceso de ventas con Disciplina y soy el proveedor con mayores opciones (mi probabilidad de cierre es Alta). Además, mi cliente requiere mi producto con urgencia. Por lo tanto, la próxima semana puedo recibir la orden de compra (mi tiempo de cierre es Bajo).*

### El Cuadro de Priorización de Oportunidades

Llegó el momento de construir tu Cuadro de Priorización de Oportunidades.

Toma cada una de tus oportunidades y debes calificar las dos variables clave: *Probabilidad de Cierre* y *Tiempo de Cierre*.

Para cada oportunidad califica como Alto o Bajo en cada una de las Variables. Veamos cómo se construye en nuestro ejemplo de sistemas de facturación para supermercados.

| Oportunidad | Cliente | Probabilidad de Cierre | Tiempo de Cierre |
|---|---|---|---|
| Oportunidad 1 | Mercamax | Alta | Bajo |
| Oportunidad 2 | Mercasuperior | Bajo | Alto |
| Oportunidad 3 | Wokmart | Bajo | Alto |
| Oportunidad 4 | Ultramarket | Alta | Bajo |
| Oportunidad 5 | SuperMax | Alta | Bajo |

*Tabla de Priorización de Oportunidades*

Ahora, el siguiente paso es organizar todas las oportunidades en la **Matriz de Priorización** de acuerdo a la Probabilidad de Cierre y el Tiempo de Cierre. Así:

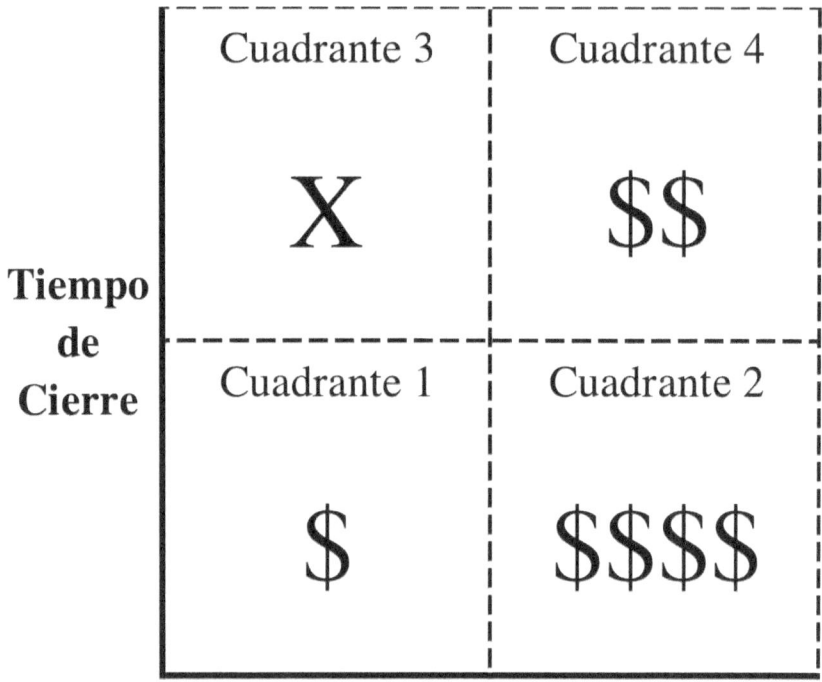

*Matriz de Priorización de Oportunidades*

Las oportunidades se ubicarán en cada cuadrante de la siguiente forma:

- **Cuadrante 1**: Oportunidades de Probabilidad de Cierre Baja y Tiempo de Cierre Bajo. Puedes enfocarte en este cuadrante, pues no requiere que emplees mucho tiempo. Sin embargo, debes ser consciente de que tus posibilidades de concretar la venta son bajas.
- **Cuadrante 2**: Oportunidades de Probabilidad de Cierre Alto y Tiempo de Cierre Bajo. En este cuadrante debes enfocar todos tus esfuerzos. Son las oportunidades en las que puedes concretar la venta más pronto y has

estimado que tienes más posibilidades de concretar la venta.
- **Cuadrante 3**: Oportunidades de Probabilidad de Cierre Baja y Tiempo de Cierre Alto. No debes enfocarte en este cuadrante. Has identificado que tus posibilidades de concretar la venta son bajas y además es un negocio de largo plazo. Entonces te tomará mucho tiempo, con probabilidades bajas de venta.
- **Cuadrante 4**: Oportunidades de Probabilidad de Cierre Alta y Tiempo de Cierre Alto. Aquí sí debes enfocar tus esfuerzos. Estas oportunidades son las semillas de tus ventas en el futuro. Si siembras con disciplina estas oportunidades, tendrás una mejor cosecha de ventas en el futuro.

### Ya estás listo para Actuar

Los Magnates de las Ventas reconocen que su tiempo es su mayor activo. Por lo tanto, son muy cuidadosos en decidir cómo lo invierten, priorizando las oportunidades que le van a traer los mejores resultados en el menor tiempo y sembrando las semillas de las ventas futuras con las oportunidades adecuadas.

Ya construiste tu Mapa de Oportunidades y además has organizado las Oportunidades en tu Matriz de Priorización. Ya sabes en cuáles oportunidades te vas a enfocar a partir de este momento.

Ahora... ¿Cuál es el siguiente paso? ¡ACTUAR!

En el siguiente capítulo vas a comprender la importancia de la acción continua, y además te compartiré los secretos de los Magnates de las Ventas para no posponer ni procrastinar las acciones que te llevaran al éxito.

¿Estás listo?

## CAPÍTULO 10

## TU ARMA INFALIBLE: ACTUAR CON DISCIPLINA

"*La cuestión más importante es si lo vas a hacer hoy o mañana: si siempre dices que lo harás mañana, nunca lo harás. Hazlo hoy*".

*Warren Buffet – Inversionista estadounidense*

"*El único viaje imposible es aquel que nunca empiezas*".

*Tony Robbins – Autor y conferencista estadounidense*

"*La acción es la clave fundamental de todo éxito*".

*Pablo Picasso – Pintor y artista español*

Carlos es un estudiante de Ingeniería de primer semestre. Siempre asiste a sus clases y es considerado como un estudiante responsable. Sin embargo, tiene un vicio que resulta muy negativo para su desempeño como estudiante: Tiene el lema "Siempre deja para mañana lo que puedes hacer hoy". Carlos siempre posterga sus proyectos y sus tareas. Las consecuencias de este modo de pensar empezaron a convertirse en una pesadilla. Se acumulaban sus proyectos y estaba realizando todas sus tareas con mucha prisa. Por lo tanto, la calidad de su trabajo era baja. Además, Carlos estaba constantemente angustiado y estresado.

Carlos sabía lo que tenía que hacer, pero no pasaba a la acción.

Un viernes en la noche, mientras se encontraba en una fiesta con sus amigos, escuchó la siguiente frase del mejor estudiante de su grupo: *"Pensando solamente, las cosas no suceden. Hay que actuar, y actuar ya. Siempre me adelanto en los proyectos, lo cual me permite enfocarme y tener más tiempo para crear proyectos con la mejor calidad".*

Carlos sintió que ese mensaje era para él. A partir de ese momento tomó la mejor decisión de su vida: iba a actuar, no a postergar.

Todo cambió para Carlos, pues la calidad de sus trabajos pasó de mediocre a excelente. Cuando llegó al segundo semestre ganó una beca.

### ¿Qué es Procrastinar?

Según el diccionario de la Real Academia de la Lengua Española, procrastinar es diferir o aplazar. Continué buscando y encontré una nueva definición mucho más acertada en www.significados.com. Según esta página de Internet, Procrastinar significa *"Posponer o aplazar tareas, deberes y responsabilidades por otras actividades que nos resultan más gratificantes pero que son irrelevantes".*

Definitivamente, esta definición es mucho más acertada. Los vendedores tenemos la tentación de evitar o aplazar tareas como llamar a nuevos clientes o enfocarnos en las Oportunidades más retadoras. Preferimos dedicarnos a otras tareas más cómodas como visitar a los clientes conocidos para "hacer seguimiento", realizar cuentas de gastos o revisar las ventas. Y, cuando menos lo esperas, el día terminó y no hiciste tus tareas realmente importantes.

Los Magnates de las Ventas como tú y como yo cultivamos la disciplina. Sabemos que esa llamada o esta tarea es incómoda, pero nos esforzamos por hacerla. Reconocemos el hecho de que *"Para Vender, debes Actuar y Sin Acción no hay Ventas"*.

Te estarás preguntando ¿Cómo puedo eliminar la Procrastinación y cultivar la Acción? En primer lugar, debes ser consciente de la procrastinación: debes reconocerla cuando llegue a ti la tentación de aplazar. Vas a sentir una incomodidad en el estómago porque sabes que tienes algo importante que debes hacer y no lo estás haciendo. Cuando reconozcas esa incomodidad, detente un momento. Piensa en las consecuencias de postergar esa llamada. ¿Qué puede pasar si no llamo a mi cliente hoy? ¿Puede ser que si aplazo esta llamada mi cliente compre con mi competencia? Después de observar las implicaciones de aplazar la acción, te darás cuenta de la importancia de actuar. Luego ¡actúa!

Después de actuar, date un reconocimiento: te invitas a ti mismo a tomar un café o te regalas un chocolate. ¡La procrastinación será cosa del pasado!

### Parálisis por Análisis

Ahora vamos a conocer a Marcos. Al igual que Carlos, Marcos también es estudiante universitario de primer semestre. Está muy emocionado de iniciar su carrera universitaria. Marcos ha sido muy ordenado y organizado.

Al finalizar la primera semana de clases, Marcos decide ordenar sus tareas antes de empezar a estudiar. Se sienta en su escritorio a las 8:00 de la mañana. Se siente abrumado por todas las tareas que tiene que realizar durante el fin de semana. Calcula los tiempos que va a demorar en cada una de las tareas. Organiza los temas por orden cronológico y después por orden alfabético. Han pasado tres horas y Marcos todavía está organizando sus tareas. Pasan dos horas más y

Marcos no ha empezado. Llegó la tarde del sábado y Marcos por fin va a empezar. Pero está agotado por tantos análisis y organización de sus tareas.

Marcos tiene un problema que se llama **Parálisis por Análisis.** Está paralizado, no actúa y no avanza, pues se encuentra enfocado en organizar y analizar sus tareas. Gasta toda su energía en analizar y ordenar.

La acción te acerca a tus resultados. Definitivamente debes organizarte y prepararte antes de actuar. Pero debes tener un balance. Porque si dedicas tu tiempo y tu energía más valiosa a organizar y analizar la información de tus clientes, las ventas no van a llegar.

Los Magnates de las Ventas como tú conocen la importancia de este balance. Se organizan y analizan, pero actúan. Saben y reconocen que las ventas llegan solo con la acción continua.

Ya conoces los dos enemigos de la acción: la Procrastinación y la Parálisis por Análisis. Aprende a reconocerlos y tomar consciencia de ellos para poder superarlos.

**Pequeñas Acciones para Grandes Resultados**

Algunas veces nos sentimos abrumados cuando tenemos una gran meta. Sin embargo, quiero que imagines por un momento a un arquitecto que va a construir su casa. Primero recibe el lote donde será construida. Lo analiza y realiza los planos de la casa. Define los materiales que va a requerir. Luego prepara el terreno para la construcción. Finalmente comienza a construir, ladrillo a ladrillo hasta que, finalmente y sin darse cuenta... ¡YA! Su casa está lista.

La suma de pequeñas acciones fueron necesarias para tener su casa construida. Seguramente se encontró con dificultades en el proceso de construirla. Había tareas más complejas, como la realización de los planos o el montaje de las tuberías de agua, y tareas más sencillas, como pintar las paredes. Pero cada tarea era necesaria para construirla. Si el arquitecto se hubiera quedado estancado en la parálisis por análisis realizando los planos, no habría logrado construir la casa. Igualmente, si hubiese procrastinado en la colocación de cada ladrillo, no habría tenido paredes.

Los Magnates de las Ventas como tú y como yo sabemos que se requieren pequeñas acciones para lograr grandes resultados. Por ejemplo, si quieres vender tus productos a un cliente nuevo, debes, en primer lugar conseguir el número telefónico. Esa pequeña tarea es fundamental para empezar... Pero debes actuar. Si postergas y procrastinas la sencilla tarea de conseguir el número telefónico, simplemente no podrás llamarlo. Y la venta no se realizará.

A veces, las tareas parecen fáciles y pequeñas y por lo tanto decimos: *"Eso es fácil, después lo haré..."*. Después no existe. O, por otro lado, sientes angustia o temor de hacer esa primera llamada al cliente. Entonces te dices a ti mismo: *"Creo que hoy no siento la energía para llamarlo, después lo llamaré..."*. Después no existe. Lo único que realmente existe es el ahora, el momento actual, el YA.

¿Dónde está la clave? En actuar YA.

**Tomar Acción YA**

El futuro es incierto, el pasado es historia, el ahora es sobre lo único que tenemos el poder de decidir. Es por esto que se llama "Presente". Porque es un regalo. El regalo de poder decidir, poder actuar. Los seres humanos nos pasamos la vida con sentimientos de remordimiento, culpa y dolor pensando y recordando hechos del pasado. Por otro lado, nos pasamos la vida pensando e imaginando con angustia hechos del futuro que aún no ha llegado. En realidad, lo único que tenemos es el momento actual.

Lo que nos cuesta más es iniciar. Iniciar puede ser lo más difícil en cada proyecto. Piensa por un momento en un auto que está descompuesto y debe ser empujado por varias personas para moverlo. Lo más difícil es vencer la inercia inicial al movimiento, es decir, lograr que se mueva tan solo un poco para después tomar impulso. Lo mismo nos ocurre a nosotros, los seres humanos. Dar el primer paso es difícil y doloroso. Pero después de "arrancar", el movimiento es más fluido.

Recuerda por un momento cuando eras un niño y estabas aprendiendo a montar en bicicleta. El momento más difícil es el arranque, antes de tomar impulso y obtener el equilibrio. Después de practicar, eres un experto y montar en bicicleta se convierte en algo natural para ti.

Lo mismo ocurre con tus oportunidades. Al principio es difícil tomar acción y puedes caer en dos tentaciones: Procrastinar o Parálisis por Análisis… Y finalmente no actuaste y perdiste tu oportunidad. Tu competidor hizo la venta.

Los Magnates de las Ventas reconocen que más tarde, mañana o la próxima semana no existen. Se preparan y actúan en el único momento real: YA.

### El camino se abrirá… Simplemente actúa

Detente un momento y recuerda un viaje que ibas a realizar. Te sentías nervioso porque no conocías la ciudad que ibas a visitar te hacías preguntas como: *¿Cómo llegaré al hotel? ¿Será peligroso? ¿Me puedo perder?* Seguramente todos los temores que tenías nunca se hicieron realidad.

Te comparto ahora una de las herramientas que uso cuando me siento angustiado antes de actuar en algún proyecto. Es un poema de Leon Bloy:

> *"Jamás, jamás los acontecimientos temidos por mí, han tomado el mal cariz que mi asustadiza fantasía me hizo presuponer. La Divina Providencia, con misericordia silenciosa desarrollaba su plan y he aquí el resultado: Todo se arregló de la mejor manera, mejor de lo que yo esperaba; mejor de lo que yo jamás me hubiera podido imaginar".*

El poeta nos recuerda que la fantasía y la imaginación crean situaciones que nunca ocurren. Detente de nuevo y recuerda alguna situación de tu vida donde te imaginaste lo peor y lo que imaginaste seguramente no ocurrió. El camino se abrió y todo salió de la mejor manera.

Es por esto que los Magnates de las Ventas simplemente actúan porque tienen la confianza plena de que el camino se abrirá y todo saldrá bien al final.

Adelante, mi querido Magnate de las Ventas. Simplemente actúa.

**La acción elimina los miedos**

Regresa por un momento a tu niñez, en el momento en el que ibas a dormir. Cuando llegaba la oscuridad quizás imaginabas monstruos en tu armario y en tu habitación. Luego llegaba tu madre, encendía la luz y todo pasaba. En el momento de encender la luz se desaparecían los miedos.

Lo mismo ocurre en tus ventas. Antes de llamar a un cliente te imaginas que no atenderá tu llamada, que puedes ser impertinente o que el cliente puede ser grosero contigo. Estos miedos te paralizan, después procrastinas y te dices a ti mismo: *"Creo que mejor llamo mañana"*.

El arma más poderosa para romper las barreras que los miedos generan en ti es la acción. En el momento en el que decides actuar es probable que sientas adrenalina, puedes sudar y hasta el corazón te palpita más rápido. Después llamas y todo sale mejor de lo que esperabas. Los miedos desaparecen como por arte de magia. La acción eliminó los miedos.

Los Magnates de las Ventas aprenden a reconocer el miedo cuando aparece. Se detienen, respiran profundo y se dicen a sí mismos: *"Me he preparado como un profesional para esta llamada, mi misión es ayudar a este cliente y lo voy a ayudar con mis productos y servicios... todo saldrá muy bien"*. Y actúan... Los miedos se desvanecieron por el poder de la acción.

Recuerda: el antídoto para el miedo es la acción. Actúa.

## No hay mejor momento que ahora (Ya)

Después de estudiar durante muchos años a las personas más efectivas y los vendedores con los mejores resultados, he llegado a la conclusión de que son personas de acción. Las oportunidades llegan y pasan rápidamente. Si no actúas se desaparecen.

En la vida nos arrepentimos de "las cosas que dejamos de hacer" y no de las cosas hicimos. Con el paso de los años y mientras nos hacemos adultos, reconocemos que dejamos de invitar a esa persona especial por temor y nos arrepentimos de no haberla invitado. O pensamos en la venta que dejamos de hacer por miedo al rechazo y nunca llamamos a ese cliente.

El mejor momento y, de hecho, el único momento que existe es ahora.

Si no actúas te arrepentirás. Dejaste pasar una oportunidad de oro.

Te comparto una historia que ilustra la importancia de actuar frente a las oportunidades.

Un día el río se salió de su cauce y el pueblo empezó a inundarse lentamente. El sacerdote del pueblo estaba en la iglesia rezando a Dios para que lo salvara. Unos minutos después se acercó una patrulla de policía y le rogaron al sacerdote: "Padre venga con nosotros antes de que el nivel del agua suba". El sacerdote respondió: "Gracias, señores, pero Dios me salvará". El sacerdote continuó rezando y el agua subía de nivel. Dos horas después, se subió al techo de la iglesia mientras rezaba y pasó un bote de la Cruz Roja. "Padre, por favor, súbase al bote". El sacerdote nuevamente declinó diciendo: "Gracias, señores, pero Dios me salvará". Finalmente, mientras estaba sentado en la parte más alta de la cruz de la iglesia, se acercó un helicóptero militar y le gritaron: "¡Padre, por favor, tome la escalera y súbase al helicóptero!", y nuevamente el sacerdote respondió: "Gracias, señores, pero Dios me salvará". El agua continuó subiendo de nivel y el sacerdote murió ahogado.

Al llegar al cielo, el sacerdote muy molesto confrontó a Dios: "Te he servido toda mi vida y no me salvaste", y Dios le respondió: "Te envié una patrulla de policía, un bote de la Cruz Roja y un helicóptero militar".

Esta historia siempre me anima para actuar y reconocer que las oportunidades deben tomarse cuando aparecen, porque no hay mejor momento para tomarlas que el ahora, es decir, ya.

Mi querido Magnate de las Ventas, recuerda: no hay mejor momento que ahora.

**Los 10 Secretos de los Magnates de las Ventas para Actuar**

En este momento comprendes la importancia de actuar y actuar ahora mismo. Ahora te compartiré los secretos de los Magnates de las Ventas para Actuar ahora mismo.

1. Reconocen el miedo cuando aparece.
2. Planean, pero no caen en la "Parálisis por Análisis".
3. Toman el teléfono y llaman.
4. Escriben ese correo electrónico y lo envían antes de ir a dormir.
5. Saben decir NO cuando llegan las tentaciones de procrastinar. Cuando lo invitan a tomar un café o a salir con los amigos, aprenden a decir No. Primero actúan y después disfrutan.
6. Reconocen que mañana no existe.
7. Si actúan ahora pueden lograr su venta más rápido.
8. Se comprometen consigo mismos y nunca se defraudan.
9. Escriben sus tareas y compromisos en una lista, y revisan su lista todo el tiempo para asegurarse que están actuando.
10. Finalmente piensan: "Si no actúo, mi competidor sí actuará… y perderé esta oportunidad".

Cuando me preguntan *"Miguel, ¿cuál es el mayor secreto de los*

*Magnates de las Ventas?"*, siempre respondo: "Disciplina para Prepararse y Actuar".

Los planes por sí solos no generan resultados. Es necesario actuar para vender.

Adelante, mi Magnate de las Ventas. Actúa, Actúa y Actúa.

CAPÍTULO 11

## TEN PACIENCIA… NO DESESPERES

"*Estoy convencido que una de las cosas que distingue a los emprendedores exitosos de los no exitosos es pura persistencia*".

*Steve Jobs – Emprendedor estadounidense*

"*La Paciencia es un gran activo en los negocios*".

*J. Paul Getty – Industrial británico-estadounidense*

"*No te preocupes si tienes intentos y cometes errores, especialmente al inicio. Se requiere paciencia y tiempo para construir unas bases sólidas*".

*Coral Chung – Emprendedora asiática*

"*Paciencia, Persistencia y Sudor son la combinación invencible para el Éxito*".

*Napoleon Hill – Autor estadounidense*

Una mañana, caminando en su jardín, una niña encuentra un capullo de gusano que está evolucionando para convertirse en mariposa. La niña sintió emoción al ver cómo se movía y retorcía en el capullo intentando salir. Tomó el capullo en sus manos para observar el proceso. Sin embargo, el proceso tardaba mucho tiempo. La niña empezó a desesperar y se le ocurrió una idea: si soplaba suavemente el capullo, el calor de su aliento podría ayudar a acelerar el proceso. Sopló el capullo suavemente y, efectivamente, el calor de su aliento aceleró el proceso. El resultado fue una criatura con las alas destrozadas, pues no tuvieron el tiempo suficiente para completar su formación.

Los Magnates de las Ventas como tú saben que los grandes proyectos toman tiempo. Levantar tus Ventas en Grande requiere tiempo, paciencia y persistencia. Estos tres ingredientes contienen la fórmula perfecta para el éxito.

Imagina que deseas sembrar un gran árbol, un roble. Consigues la semilla de roble, preparas la tierra, excavas un agujero en la tierra y la siembras. Esperas un día y no ves crecimiento. Transcurre una semana y todavía no se observa nada. Al cabo de dos semanas, te desesperas y decides excavar nuevamente y encuentras que la semilla está germinando. Sin embargo, por haber interrumpido el proceso, la semilla se seca y muere. Entiendes que solo debías esperar y cuidar para que el proceso diera sus frutos y el árbol de roble empezara a crecer.

Lo mismo ocurre con las semillas de las oportunidades que estás sembrando. Requieren cuidado constante, paciencia y persistencia para que puedan germinar en grandes ventas. En el proceso vas a sentirte angustiado y desesperado. Y vas a encontrarte con la mayor tentación.

**La Mayor Tentación**

En el proceso de Levantar tus Ventas en Grande, te vas a encontrar con una gran tentación: desanimarte y renunciar. Vas a encontrar días donde sientes que el esfuerzo no vale la pena. Vas a sentirte incómodo. Podrás sentir una presión en el estómago, pues las ventas no llegan. Vas a dudar de ti mismo. Sentirás el deseo de renunciar. Y lo peor de todo es que tendrás muy buenas excusas para renunciar.

La mayor tentación es renunciar. Luego crear excusas para justificar tu derrota.

Dirás cosas como: *"Mejor no pierdo tiempo con esta oportunidad"*, *"Mi competidor tiene la ventaja"*, *"Mi competidor hace trampa"*, *"Mi producto es muy costoso"*, *"El comprador es muy amigo del competidor"* o *"Creo que lo más sabio es enfocarme en otra oportunidad"* . Después buscarás a tus amigos para contarles las razones por las cuales esa oportunidad era una pérdida de tiempo.

Pero los Magnates de las Ventas reconocen que "Un hombre ganador nunca renuncia... y un hombre que renuncia nunca gana". El éxito tiene un precio. El precio que Los Magnates de las Ventas pagan es el esfuerzo, recorrer la milla extra, levantarse en las caídas, animarse para continuar y conservar la persistencia.

Evita la tentación y renueva tus energías. El éxito está garantizado para las personas con persistencia y pensamiento positivo. No hay otra opción.

**Cuida las semillas que sembraste**

Cada oportunidad que construyes es igual a una semilla de un gran árbol. Puede tomar tiempo, puede requerir esfuerzo, pero el fruto valdrá la pena. Revisa todas las semanas tus oportunidades y no permitas que pase una semana sin acción para esa oportunidad. Al igual que la semilla requiere agua, luz, fertilizante y protegerla de las plagas, tus oportunidades requieren de cuidado constante.

Enfócate en ofrecer valor a tus clientes todas las semanas

partiendo de la pregunta fundamental: ¿Cómo puedo ayudar a mi cliente esta semana? Puedes compartirle un artículo interesante, ofrecerle una conferencia para su equipo de trabajo o una visita a otro cliente para compartir buenas prácticas. Eleva tu imaginación para cuidar las semillas que has sembrado.

### ¿Qué ocurre si renuncias?

Puede parecer que, si renuncias, no habrá grandes consecuencias. Pero esto no es así. Te voy a compartir las consecuencias de renunciar:

- Perderás una venta potencial.
- Debes iniciar de nuevo la búsqueda de una nueva oportunidad para reemplazar la oportunidad perdida e iniciar de cero.
- Perderás todo lo que has sembrado con tu cliente, tu tiempo y toda la inversión que has hecho.
- Tu competencia ganará este negocio y los fortalecerá.
- Lo más importante: perderás confianza en ti mismo.

Las consecuencias de renunciar son devastadoras. Antes de caer en la tentación de renunciar, por favor piénsalo bien. Puedes darte un respiro. Tomar una pausa para energizarte. Te voy a compartir los secretos de los Magnates de las Ventas para fortalecer su paciencia y su persistencia, y no caer en la tentación.

### Los Secretos de los Magnates de las Ventas

Los Magnates de las Ventas como tú, han descubierto algunos secretos que les permiten persistir y resistirse a la tentación de renunciar. Te voy a compartir estos secretos. Sin embargo, la clave está en tu acción. Revisa estos secretos varias veces, toma tu cuaderno de notas y escribe los que más te inspiren. Tu compromiso es fundamental.

- **Hacer una Pausa:** Detenerse para observar la situación con otros ojos y perspectiva te permitirá abrir tu mente a soluciones.
- **Recuerdos que enriquecen:** Escribe en una hoja de papel tus historias de éxito: ¿Qué te enorgullece? ¿Cuáles son tus mayores logros?
- **Visualización:** Imagina por un momento lo que sentirías si ganas esta venta. ¿Cómo celebrarías? ¿Cómo serían tus comisiones?
- **Pedir ayuda:** Los Magnates de las Ventas saben que no están solos. Reconocen que tienen un equipo de personas que los apoyan. Piden ayuda y apoyo.
- **Imaginación y Creatividad:** La principal misión de los Magnates de las Ventas es ayudar a sus clientes. Dedican horas a pensar e imaginar cómo pueden ayudar a su cliente y, por lo tanto, activan su creatividad para traer nuevas soluciones.

**La semilla va a germinar… Ten Paciencia**

Hay una receta infalible para el éxito. Los ingredientes son trabajo constante, vocación de servicio, pensamiento positivo y perseverancia. No existe otra opción diferente al éxito cuando combinas estos ingredientes. Cuando los días grises lleguen, toma este libro y renueva tu energía. Cada vez que lo leas, vas a descubrir nuevos elementos.

Recuerda que la impaciencia lleva directo al fracaso. Todos los grandes proyectos requieren de tiempo y dedicación. Solo piensa en este libro. Además de la experiencia y la investigación, ha requerido que dedique horas, pero mi misión es siempre ayudarte y esta misión hace que me levante todos los días a escribir para ti, para que descubras los secretos de los Magnates de las Ventas para Levantar tus Ventas en Grande.

Tienes mi palabra: con persistencia vas a triunfar. Siempre lleva contigo el recuerdo de la semilla del roble y la mariposa en su capullo...

**CAPÍTULO 12**

## ¿CÓMO MANTENER EL IMPULSO PARA SEGUIR SUBIENDO?

"*El Éxito es como una bola de nieve... Debes empezar a moverla y, cuando empieza a rodar en la dirección correcta, aumenta siempre de tamaño*".

*Steve Ferrante – Autor y conferencista estadounidense*

"La consistencia es *la clave para alcanzar y mantener el impulso*".

*Darren Hardy – Autor y conferencista estadounidense*

"*Las personas que triunfan tienen impulso. Entre más triunfan, más desean triunfar y encuentran nuevas formas de triunfar*".

*Tony Robbins – Autor y conferencista estadounidense*

"*La forma de mantener el impulso es crear constantemente nuevas metas*".

*Michael Korda – Autor y novelista inglés*

Lucas despertó una mañana con una fuerte resaca por la borrachera de la noche anterior. Durante más de dos meses se estaba emborrachando todas las noches. Esa mañana reconoció algo muy doloroso: "Soy alcohólico". Sintió mucha tristeza y dolor, pero al mismo tiempo sintió una liberación por haber reconocido su problema. Ese mismo día tomó la decisión más importante de su vida: dejaría de ser alcohólico. Esa tarde visitó a un grupo de asesores de AA (Alcohólicos Anónimos). Inició su proceso y rápidamente el licor pasó a ser una cosa de su pasado. Tomaba impulso para alcanzar nuevas metas. Estaba emocionado, consiguió un aumento de sueldo, una novia y todo seguía mejorando. Continuaba aprovechando ese impulso para lograr nuevos éxitos. Encontró muchas tentaciones y momentos de desconsuelo, pero su vida mejoró para siempre, porque nunca perdió el impulso.

Cuando empezamos a crear nuevos hábitos positivos en nuestro trabajo y en nuestra vida, empezamos a tomar impulso, es decir, una fuerza que nos empuja a seguir mejorando. Cada logro nos llena de alegría para continuar.

Imagina por un momento un auto averiado. Para encenderlo deben empujarlo para que tome impulso y luego el auto rodará por sí mismo y podrá encenderse fácilmente.

En este momento ya has empezado a Levantar tus Ventas en Grande. Estás cosechando victoria tras victoria y estás recibiendo el fruto del esfuerzo. Es posible que en algunos momentos te sientas angustiado pensando que las cosas pueden volver a empeorar y las ventas a caer.

En este capítulo te voy a compartir los secretos de los Magnates de las Ventas para mantener el impulso y continuar cultivando nuevos triunfos.

¿Cómo conservar los buenos hábitos?

Ya conociste el sentimiento de derrota y angustia que causa estar en "el Hueco". Sabes lo que se siente cuando tus resultados de ventas caen. Vamos a ver con María y Pedro cómo conservar la cultura, es decir, cómo conservar el impulso, la disciplina y los buenos hábitos:

*Pedro se siente contento. Sus ventas despegaron y ha ganado nuevos negocios. Sin embargo, Pedro se ha dormido en los laureles nuevamente. Ya no revisa sus resultados de venta y se ha dedicado a realizar visitas de rutina sin buscar nuevas oportunidades. Pedro no sabe que el conformismo es la receta del desastre y que sus ventas pueden empezar a bajar nuevamente y puede caer otra vez en "el Hueco".*

*Por otro lado, María, nuestra Magnate de las Ventas, aprendió su lección. Sabe que la disciplina es la columna que sostiene el éxito. Sus ventas han crecido exponencialmente. Sin embargo, María continúa en estado de Alerta. Revisa sus ventas todas las semanas con el más alto nivel de detalle. Realiza radiografías mensuales a sus ventas para sacar diagnósticos acertados de sus resultados. Tan pronto aparece una señal de alerta, María actúa inmediatamente y evita que los problemas aumenten de tamaño.*

*María también ha descubierto otro secreto de los Magnates de las Ventas: búsqueda constante de nuevas oportunidades. Todos los días alimenta su Mapa de Oportunidades y está generando nuevas ventas. María recuerda un viejo proverbio que dice: "El hombre es el único animal que tropieza dos veces con la misma piedra". Ella tropezó una vez con la piedra del fracaso en las ventas, pero aprendió su lección y no tropezará de nuevo nunca más.*

Los Magnates de las Ventas reconocen la importancia de crear y conservar los siguientes hábitos para no caer nuevamente en "el Hueco":

- **Revisión disciplinada de sus resultados de ventas:** Todas las semanas y todos los meses revisan en detalle los resultados de sus ventas para detectar nuevas señales de alerta. Revisan cada uno de sus clientes y cada uno de sus productos. Parecen detectives privados en una importante investigación, buscando pistas de potenciales pérdidas.

- **Ojos abiertos y oídos despiertos:** En cada visita y cada conversación con sus clientes, los Magnates de las Ventas están buscando señales de alerta que les permitan detectar si sus clientes están evaluando productos de la competencia o si existe algún riesgo de perder un contrato con un cliente. Adicionalmente, monitorean como "sabuesos" todos los movimientos de la competencia, las visitas que realizan a sus clientes y los nuevos lanzamientos y promociones de sus competidores.

- **Búsqueda incesante de nuevas oportunidades:** El Mapa de Oportunidades debe alimentarse diariamente. Los Magnates de las Ventas buscan nuevas oportunidades de servir a sus clientes con sus productos y servicios, documentan estas oportunidades con disciplina en su Mapa de Oportunidades y las actualizan con planes de acción concretos. El Mapa de Oportunidades está vivo y requiere que lo cuides y alimentes para crecer y germinar en nuevas ventas.

- **Orientados a la acción**: Los Magnates de las Ventas reconocen que para ganar deben actuar. Planean con disciplina y actúan basados en esos planes. Acción, acción y acción es la diferencia entre los Magnates de las Ventas y los vendedores promedio.

Los buenos hábitos se cultivan y se conservan con la acción disciplinada, continua y persistente. No existen excusas válidas para los Magnates de las Ventas.

**Celebra cada victoria**

Recuerda cuando eras un niño y estabas aprendiendo a montar en bicicleta. Al principio, cada giro de los pedales era una odisea. Pero cuando lograste recorrer varios metros sin caer, sentiste una alegría en tu corazón que te hacía saltar de la emoción.

Observa a los niños. Siempre están celebrando cada logro. Al convertirnos en adultos perdemos esa magia de la alegría y emoción de los niños.

Los Magnates de las Ventas celebran cada victoria. Cada oportunidad ganada es un gran logro que celebran. Se felicitan a sí mismos y se sienten emocionados para seguir ganando más y más batallas.

Cuando tengas una victoria, celebra. Puede ser algo tan simple como comerte un chocolate o comprarte esa camisa que querías. Esto elevará tu energía, te sentirás recompensado y animado para ganar.

**Cultiva la Gratitud**

Dar gracias eleva nuestros niveles de energía. Todos los grandes autores que he estudiado recetan altas dosis de gratitud para recargarse de energía.

Recientemente aprendí una técnica del autor y conferencista canadiense Bob Proctor. Con 86 años de edad, Bob Proctor continúa realizando conferencias con más energía que un hombre de 40 años. Me emociona ver a este conferencista en sus programas.

Bob Proctor recomienda el diario de la gratitud. Consiste en tomar un cuaderno o una libreta y escribir todos los días 10 cosas por las cuales estás agradecido.

Al principio puede parecer retador, especialmente si estás en "el Hueco". Te recomiendo que empieces por los pequeños detalles. Te comparto un ejercicio en este momento mientras escribo para levantar mi energía:

- Estoy muy feliz y agradecido por este momento,

escribiendo mi segundo libro mientras escucho música de *jazz*.
- Estoy muy feliz y agradecido por este computador que me permite escribir cómodamente este libro.
- Estoy muy feliz y agradecido por mis dos hijos, que son mis milagros caminantes.
- Estoy muy feliz y agradecido por mi esposa, mi columna y mi compañera.
- Estoy muy feliz y agradecido imaginándote a ti, mi lector para quien escribí este libro. Gracias.
- Estoy muy feliz y agradecido por mi padre y mi madre que me apoyan y me dieron maravillosas oportunidades.
- Estoy muy feliz y agradecido por mi hermana, que ha sido mi mejor amiga toda la vida.
- Estoy muy feliz y agradecido por todas las personas que llegan a mi vida para ayudarme y apoyarme.
- Estoy muy feliz y agradecido por mi familia y la familia de mi esposa, que me apoyan con cariño.
- Estoy muy feliz y agradecido por este ejercicio poderoso.
- Estoy muy feliz y agradecido por los mentores que he tenido en mi vida.
- Estoy muy feliz y agradecido por mi fe, por la gracia de Dios que tengo tantas bendiciones en mi vida.

Perdí la cuenta. Intencionalmente no quise enumerarlas en este momento porque quería fluir. No te imaginas cómo me subió la energía este ejercicio. Todos los días lo realizo en la mañana. Con un bolígrafo o pluma escribo mi lista en una libreta dedicada a esto. Mi energía, fuerza, tranquilidad y fe han aumentado de una forma que no te podría explicar en este libro.

Te confieso, mi Magnate de las Ventas, que disfruto mucho escribiendo este libro para ti. Gracias por leerme. Gracias, gracias y gracias.

### Cultiva la Mentalidad de Aprendizaje

Los seres humanos tenemos la maravillosa capacidad de decidir cómo asumimos los acontecimientos que nos ocurren. Es por esto que para unas personas una situación particular es un gran problema que los angustia y les hace sentir lo peor, mientras que para otras personas **la misma situación** puede ser una oportunidad de crecimiento.

Cuando cultivas la mentalidad de aprendizaje, tomas cada "aparente derrota" como una lección para no repetirla nuevamente. Esta mentalidad te permite sentirte dueño de tu destino. El inventor Thomas Edison tuvo que realizar 10.000 intentos antes de crear la bombilla eléctrica. Cuando le preguntaron: *"¿Qué se siente al fallar 10.000 veces?"*, Edison respondió: *"No eran fracasos, estaba descubriendo 10.000 formas en las cuales no funcionaba la bombilla eléctrica"*. Los Magnates de las Ventas como tú reconocen en cada derrota una valiosa lección.

Esta mentalidad les permite levantarse con fuerza, empoderados y valientes para cultivar nuevas victorias.

### Cultiva la Mentalidad de Abundancia

El doctor Norman Vincent Peale en su obra *El poder del pensamiento positivo* me enseñó este concepto. En el mundo existen abundantes, tal vez infinitas oportunidades de cultivar el éxito para aquellas personas que no tienen un pensamiento limitado.

No te compares con otros. No te compares con tus competidores. Solo debes competir contigo mismo para convertirte en un poderoso Magnate de las Ventas. Cuando cultivas la Mentalidad de Abundancia, reconoces que existen cientos de nuevos clientes y oportunidades que pueden estar esperando por tus productos o servicios. Solo debes buscarlos con disciplina y pensamiento positivo.

Piensa en grande, piensa en abundancia, cree y confía que el producto de tu trabajo disciplinado será el éxito.

El pensamiento de escasez te causará angustia. Piensas que no existen nuevos negocios y ves todo gris y nublado.

Te lo garantizo por experiencia propia: existen muchas, muchísimas oportunidades que descubrirás únicamente si tienes fe y un deseo ardiente de servir a tus clientes y de ayudarles a mejorar sus resultados con tus productos, tus servicios y tu experiencia.

Haz una pausa. Piensa por un momento en un negocio que hayas ganado. Un gran negocio. Antes de ganarlo, habrías pensado que un negocio así era prácticamente imposible.

Piensa en Grande para Vender en Grande.

### Mantente alerta frente a los hábitos negativos

En este momento ya has cultivado poderosos hábitos positivos. Has cultivado el poder de la gratitud, la mentalidad de aprendizaje y la mentalidad de abundancia. Sin embargo, vas a sentir la tentación de regresar a los hábitos negativos, porque ese es el programa mental que tienes en tu interior.

Cuando sientas tristeza, preocupación, angustia o sentimientos de derrota, activa tus alarmas. Tu programa mental te quiere llevar de vuelta a los hábitos negativos.

Toma una hoja de papel y haz tu lista de gratitud. Escucha música positiva. Baila, inclusive solo en tu cuarto mientras nadie te ve. Trae a tu mente una persona o cosa que te evoque alegría. Trae recuerdos positivos, momentos que te alegren el corazón.

Cuando te sientas mejor en tu estado de ánimo, agradece y sonríe. Venciste a tu programa mental. Venciste a la tentación del pensamiento negativo.

Felicitaciones, mi Magnate de las Ventas... Has cultivado hábitos poderosos. Trabaja conscientemente para cuidarlos.

En el siguiente capítulo voy a compartirte el poder de la disciplina y todo lo que podrá realizar la disciplina por ti.

## CAPÍTULO 13
## EL PODER DE LA DISCIPLINA

"La disciplina de pensamientos y acciones, son difíciles de dominar, pero son necesarias para una vida exitosa y con sentido".

Dr. Moses Simuyemba – Autor y conferencista africano

"La disciplina se construye realizando pequeños actos de coraje".

Robin S. Sharma – Autor y conferencista estadounidense

"Todas las personas deben escoger entre dos dolores: el dolor de la disciplina o el dolor del remordimiento".

Jim Rohn – Autor y conferencista estadounidense

"Las personas con autodisciplina son más exitosas, saludables y viven una vida más feliz".

*Dr. T.P. Chia – Phoenix, Estados Unidos*

UNA MAÑANA, Fabio se levantó con dolor de cabeza y malestar. Tenía la presión arterial alta. Visitó a su médico, quien le dijo: "Fabio, debes perder por lo menos 25 kilos de peso o puedes sufrir un infarto en cualquier momento". Fabio salió horrorizado del consultorio... *"¡25 Kilos! Imposible, me encanta comer y no me gusta ejercitarme"*. Al llegar a su casa, vio a su pequeño hijo Luis, de tan solo cinco años. Si quería ver crecer a Luis debía tomar una decisión urgente: bajar de peso y adquirir hábitos de vida saludable.

Fabio se fue a la cama preocupado y angustiado. Esa noche le pidió a Dios la luz y la fuerza para cambiar. Escribió en su libreta personal sus metas: *"Me voy a ejercitar todas las mañanas con disciplina"* y *"Voy a mejorar todos los días mis hábitos alimenticios hasta reducir 25 kilos. Lo haré por mi hijo Luis"*. A la mañana siguiente, se despertó con mucha dificultad a las 6 de la mañana. Era una pequeña victoria. Decidió ir a hacer ejercicio. Solo recorrió un kilómetro y no podía resistir más. Bajar 25 kilos era simplemente imposible. Pero necesitaba hacerlo o los resultados serían nefastos. Al tercer día logró recorrer 2 kilómetros. Lo más difícil era cambiar sus hábitos alimenticios. Tomó una foto de su pequeño hijo Luis y, cada vez que sentía la tentación de lanzarse hacia un pastel de chocolate, tomaba la foto de Luis y la tentación desaparecía. Fabio descubrió que solo la disciplina para ejercitarse y comer bien lo podría salvar.

Tomó la decisión de cambiar sus hábitos. Su arma secreta fue la disciplina. Dos meses después había perdido 5 kilos. Era un logro espectacular e increíble para Fabio. Seis meses después visitó a su médico, quien no podía creer lo que estaba viendo... Al preguntarle cómo lo había logrado, Fabio respondió con una sonrisa en sus labios: *"Conocí el poder de la disciplina"*.

. . .

La disciplina es quizás la llave más poderosa de todas las personas de éxito que he conocido. Es un tema tan profundo y tan interesante que inclusive podría escribir un libro entero sobre esta característica de los Magnates de las Ventas. Para Levantar tus Ventas en Grande vas a requerir altas dosis de disciplina continua.

La mejor definición de disciplina la escuché del autor canadiense Bob Proctor, quien la define como la capacidad de un ser humano de "darse una orden a sí mismo y cumplir esa orden sin excusas". La disciplina no admite excusas. La disciplina te ayuda a eliminar el mal hábito de la procrastinación y te lleva a cultivar grandes resultados.

Si buscas adquirir disciplina, te voy a recomendar tres secretos que te ayudarán a cultivar la disciplina en tu vida como Magnate de las Ventas:

- Escribe tus metas y revisa varias veces al día lo que escribiste.
- Elimina las barreras. Ayuda a que los hábitos sean fáciles de adquirir.
- Debes premiarte. Celebra contigo mismo cada uno de tus logros.

Vamos a profundizar en cada uno de estos secretos.

**Escribe tus Metas**

Lo primero que hizo Fabio fue escribir una proposición positiva de sus metas. En ese momento, su cerebro se activó de manera inconsciente y recibió la orden. Le dio poder.

Cuando escribes tus metas y los hábitos que buscas formar, se activa un poder en tu subconsciente que te ayudará a tomar acción. Debes escribirlo de manera positiva y visualizarte realizando la acción. ¿Qué hábitos quieres formar para Levantar tus Ventas? Por ejemplo, puedes escribir: *"Voy a llamar a 5 clientes nuevos todas las semanas para definir una cita de venta de mi portafolio"*. El hecho de escribirlo y tenerlo frente a ti te ayudará a obtener un compromiso contigo mismo que te llevará a la acción.

**Elimina las Barreras**

Cuando Fabio estaba cultivando el hábito de realizar ejercicio, descubrió que, si la noche anterior preparaba todos los elementos y la ropa para ejercitarse, todo fluía más fácil. Es decir, en la noche preparaba su botella de agua, los tenis de ejercicio y toda la ropa. Esto le permitía levantarse más motivado. Los días en los que no alistaba sus implementos de ejercicio era más difícil levantarse de la cama. Su cerebro percibía de manera inconsciente como un esfuerzo adicional la necesidad de tomar la ropa del armario y preparar la botella de agua, generando resistencia adicional.

En nuestro caso, vamos a ver el ejemplo de una de las tareas más difíciles para los Magnates de las Ventas: las Llamadas Proactivas a nuevos clientes. Todos los vendedores tienen la tendencia de distraerse y postergar esta tarea. Los Magnates de las Ventas eliminan la resistencia preparando el día anterior la lista de clientes que van a llamar, preparan su escritorio sin distracciones para realizar estas llamadas y se disponen mentalmente la noche anterior para realizar estas llamadas. Se visualizan realizando las llamadas y obteniendo resultados poderosos en cada una de las llamadas.

Piensa por un momento las tareas que son más desafiantes para ti. Luego piensa en cómo puedes reducir las barreras para realizar estas tareas. Empieza ahora mismo a eliminar estas barreras y verás como las tareas van a fluir y estarás cultivando la disciplina con nuevos hábitos.

**Celebrar y Premiarte**

Después de definir una meta para ti mismo y cumplirla, debes premiarte. Por ejemplo, si tu meta es realizar tres llamadas a nuevos clientes antes de las diez de la mañana y cumples este compromiso, puedes invitarte a ti mismo a un café con una barra de chocolate. Solo podrás tomar el café después de terminar tus llamadas.

Celebrar y premiarte te genera un sentimiento de victoria y de logro. Has vencido las tentaciones que se te presentaron, como las redes sociales o ir a conversar con tus compañeros de trabajo. Con el tiempo, habrás formado el hábito de celebrar tus logros y crearás metas más altas.

La disciplina será tu mejor aliada para generar hábitos positivos. Tendrás la capacidad de darte una orden a ti mismo y cumplirla sin excusas. Podrás confiar en ti mismo, pues sabes que eres una persona disciplinada.

Llegar a este punto del libro demuestra que eres un Magnate de las Ventas disciplinado y comprometido. Te invito a que celebres, pues has llegado al final. Mientras muchos vendedores no leen, tú has decidido invertir en tu aprendizaje y tu crecimiento para Levantar tus Ventas en Grande.

## CAPÍTULO 14
## ÚLTIMAS REFLEXIONES

En primer lugar, te quiero agradecer por llegar hasta este punto del libro. Lo escribí para ti, mi Magnate de las Ventas que estás buscando Levantar tus Ventas en Grande. Espero de todo corazón que hayas realizado todas las tareas y ejercicios con disciplina, y seguramente "el Hueco" ya será algo del pasado que te enseñó valiosas lecciones.

Por otro lado, quiero felicitarte por leer este libro. Muchos vendedores creen que ya lo saben todo y dejan de invertir en su aprendizaje.

Quiero pedirte que sigas las siguientes recomendaciones para continuar siempre creciendo y que te permitirán Vender en Grande:

- Siempre invierte en tu aprendizaje. Busca cursos y libros que te permitan crecer como vendedor. Los Magnates de las Ventas como tú, reconocen que el camino del aprendizaje nunca termina. Estudia técnicas de ventas y sigue en las redes sociales a los expertos mundiales en ventas. Siempre recibirás buenos consejos. Por ejemplo, puedes seguirnos en nuestras redes @venderengrande y en nuestra página web www.venderengrande.com

- Piensa en Grande para Vender en Grande. Tus pensamientos determinarán tus resultados. Busca todos los libros de pensamiento positivo que encuentres. Además, te puedes apoyar en YouTube como un instrumento de contenidos positivos y poderosos.
- Tu única obsesión debe ser servir, servir y ayudar. La venta vendrá por sí misma.
- Cultiva la Disciplina y la Ejecución.
- Construye una mentalidad de abundancia.
- Agradece, pues la gratitud elevará tu energía y abrirá nuevas puertas.
- Protege tus valores éticos como un tesoro. Tu integridad y tu ética no tienen precio.
- Nunca te duermas en los laureles. El cielo es el límite… Siempre podrás crecer y ser mejor.

Te envío un fuerte abrazo.

Muchas gracias.

Y recuerda, me encuentras directamente en este correo electrónico: miguel@venderengrande.com

Mi misión es ayudarte a Vender en Grande, por lo tanto: Cuenta conmigo.

www.ingramcontent.com/pod-product-compliance
Lightning Source LLC
Chambersburg PA
CBHW020436220526
45464CB00002B/735